Discurso de Metafísica

G. W. Leibniz

TEXTO INTEGRAL

Tradução
Gil Pinheiro

O texto deste livro está conforme o
Acordo Ortográfico da Língua Portuguesa (1990)

COLEÇÃO A OBRA-PRIMA DE CADA AUTOR

Discurso de Metafísica

G. W. Leibniz

TEXTO INTEGRAL

MARTIN CLARET

CRÉDITOS

Título original: *Discours de Métaphysique* (1686)

IDEALIZAÇÃO E COORDENAÇÃO
Martin Claret

ASSISTENTE EDITORIAL
Rosana Gilioli Citino

CAPA
Ilustração
Marcellin Talbot

MIOLO
Tradução
Gil Pinheiro

Revisão
Durval Cordas
Waldir Moraes

Projeto Gráfico
José Duarte T. de Castro

Direção de Arte
José Duarte T. de Castro

Editoração Eletrônica
Editora Martin Claret

Papel
Off-Set, 70g/m²

Impressão e Acabamento
Imagem Digital

Editora Martin Claret Ltda. – Rua Alegrete, 62 – Bairro Sumaré
CEP: 01254-010 – São Paulo – SP
Tel.: (11) 3672-8144 – Fax: (11) 3673-7146

www.martinclaret.com.br / editorial@martinclaret.com.br
Agradecemos a todos os nossos amigos e colaboradores — pessoas físicas e jurídicas — que deram as condições para que fosse possível a publicação deste livro.

1ª REIMPRESSÃO – 2011

A história do livro e a coleção "A Obra-Prima de Cada Autor"

MARTIN CLARET

Que é o livro? Para fins estatísticos, na década de 1960, a UNESCO considerou o livro "uma publicação impressa, não periódica, que consta de no mínimo 56 páginas, sem contar as capas".

O livro é um produto industrial.

Mas também é mais do que um simples produto. O primeiro conceito que deveríamos reter é o de que o livro como objeto é o veículo, o suporte de uma informação. O livro é uma das mais revolucionárias invenções do homem.

A *Enciclopédia Abril* (1972), publicada pelo editor e empresário Victor Civita, no verbete "livro" traz concisas e importantes informações sobre a história do livro. A seguir, transcrevemos alguns tópicos desse estudo didático.

O livro na Antiguidade

Antes mesmo que o homem pensasse em utilizar determinados materiais para escrever (como, por exemplo, fibras vegetais e tecidos), as bibliotecas da Antiguidade estavam repletas de textos gravados em tabuinhas de barro cozido. Eram os primeiros "livros", depois progressivamente modificados até chegarem a ser feitos — em grandes tiragens — em papel impresso mecanicamente, proporcionando facilidade de leitura e transporte. Com eles, tornou-se possível, em todas as épocas, transmitir fatos, acontecimentos históricos, descobertas, tratados, códigos ou apenas entretenimento.

Como sua fabricação, a função do livro sofreu enormes modificações dentro das mais diversas sociedades, a ponto de constituir uma mercadoria especial, com técnica, intenção e utilização determinadas. No moderno movimento editorial das chamadas sociedades de consumo, o livro pode ser considerado uma mercadoria cultural, com maior ou menor significado no contexto socioeconômico em que é publicado. Enquanto mercadoria, pode ser comprado, vendido ou trocado. Isso não ocorre, porém, com sua função intrínseca, insubstituível: pode-se dizer que o livro é essencialmente um instrumento cultural de difusão de ideias, transmissão de conceitos, documentação (inclusive fotográfica e iconográfica), entretenimento ou ainda de condensação e acumulação do conhecimento. A palavra escrita venceu o tempo, e o livro conquistou o espaço. Teoricamente, toda a humanidade pode ser atingida por textos que difundem ideias que vão de Sócrates e Horácio a Sartre e McLuhan, de Adolf Hitler a Karl Marx.

Espelho da sociedade

A história do livro confunde-se, em muitos aspectos, com a história da humanidade. Sempre que escolhem frases e temas, e transmitem ideias e conceitos, os escritores estão elegendo o que consideram significativo no momento histórico e cultural que vivem. E, assim, fornecem dados para a análise de sua sociedade. O conteúdo de um livro — aceito, discutido ou refutado socialmente — integra a estrutura intelectual dos grupos sociais.

Nos primeiros tempos, o escritor geralmente vivia em contato direto com seu público, que era formado por uns poucos letrados, já cientes das opiniões, ideias, imaginação e teses do autor, pela própria convivência que tinham com ele. Muitas vezes, mesmo antes de ser redigido o texto, as ideias nele contidas já haviam sido intensamente discutidas pelo escritor e parte de seus leitores. Nessa época, como em várias outras, não se pensava na enorme porcentagem de analfabetos. Até o século XV, o livro servia exclusivamente a uma pequena minoria de sábios e estudiosos que constituíam os círculos intelectuais (confinados aos mosteiros durante o começo da Idade Média) e que tinham acesso às bibliotecas, cheias de manuscritos ricamente ilustrados.

Com o reflorescimento comercial europeu, nos fins do século XIV, burgueses e comerciantes passaram a integrar o mercado livreiro da época. A erudição laicizou-se e o número de escritores aumentou, surgindo também as primeiras obras escritas em línguas que não o latim e o grego (reservadas aos textos clássicos e aos assuntos considerados dignos de atenção). Nos séculos XVI e XVII, surgiram diversas literaturas nacionais, demonstrando, além do florescimento intelectual da época, que a população letrada dos países europeus estava mais capacitada a adquirir obras escritas.

Cultura e comércio

Com o desenvolvimento do sistema de impressão de Gutenberg, a Europa conseguiu dinamizar a fabricação de livros, imprimindo, em cinquenta anos, cerca de 20 milhões de exemplares para uma população de quase 10 milhões de habitantes, cuja maioria era analfabeta. Para a época, isso significou enorme revolução, demonstrando que a imprensa só se tornou uma realidade diante da necessidade social de ler mais.

Impressos em papel, feitos em cadernos costurados e posteriormente encapados, os livros tornaram-se empreendimento cultural e comercial: os editores passaram logo a se preocupar com melhor apresentação e redução de preços. Tudo isso levou à comercialização do livro. E os livreiros baseavam-se no gosto do público para imprimir, principalmente obras religiosas, novelas, coleções de anedotas, manuais técnicos e receitas.

Mas a porcentagem de leitores não cresceu na mesma proporção que a expansão demográfica mundial. Somente com as modificações socioculturais e econômicas do século XIX — quando o livro começou a ser utilizado também como meio de divulgação dessas modificações e o conhecimento passou a significar uma conquista para o homem, que, segundo se acreditava, poderia ascender socialmente se lesse — houve um relativo aumento no número de leitores, sobretudo na França e na Inglaterra, onde alguns editores passaram a produzir obras completas de autores famosos, a preços baixos. O livro era então interpretado como símbolo de liberdade, conseguida por conquistas culturais. Entretanto, na maioria dos países, não houve nenhuma grande modificação nos índices porcentuais até o fim da Primeira Guerra Mundial (1914/18), quando surgiram as primeiras grandes tiragens de um só livro, principalmente romances, novelas e textos didáticos. O número elevado de cópias, além de baratear o preço da unidade, difundiu ainda mais a literatura. Mesmo assim, a maior parte da população de muitos países continuou distanciada, em parte porque o livro, em si, tinha sido durante muitos séculos considerado objeto raro, atingível somente por um pequeno número de eruditos. A grande massa da população mostrou maior receptividade aos jornais, periódicos e folhetins, mais dinâmicos e atualizados, e acessíveis ao poder aquisitivo da grande maioria. Mas isso não chegou a ameaçar o livro como símbolo cultural de difusão de ideias, como fariam, mais tarde, o rádio, o cinema e a televisão.

O advento das técnicas eletrônicas, o aperfeiçoamento dos métodos fotográficos e a pesquisa de materiais praticamente imperecíveis fazem alguns teóricos da comunicação de massa pensarem em um futuro sem os livros tradicionais (com seu formato quadrado ou retangular, composto de folhas de papel, unidas umas às outras por um dos lados). Seu conteúdo e suas mensagens (racionais ou emocionais) seriam transmitidos por outros meios, como por exemplo microfilmes e fitas gravadas.

A televisão transformaria o mundo todo em uma grande "aldeia" (como afirmou Marshall McLuhan), no momento em que todas as sociedades decretassem sua prioridade em relação aos textos escritos. Mas a palavra escrita dificilmente deixaria de ser considerada uma das mais importantes heranças culturais, entre todos os povos.

Através de toda a sua evolução, o livro sempre pôde ser visto como objeto cultural (manuseável, com forma entendida e interpretada em função de valores plásticos) e símbolo cultural (dotado de conteúdo, entendido e interpretado em função de valores semânticos). As duas maneiras podem fundir-se no pensamento coletivo, como um conjunto orgânico (onde texto e arte se completam, por exemplo, em um livro de arte) ou apenas como um conjunto textual (onde a mensagem escrita vem em primeiro lugar — em um livro de matemática, por exemplo).

A mensagem (racional, prática ou emocional) de um livro é sempre intelectual e pode ser revivida a cada momento. O conteúdo, estático em si, dinamiza-se em função da assimilação das palavras pelo leitor, que pode discuti-las, reafirmá-las, negá-las ou transformá-las. Por isso, o livro pode ser considerado instrumento cultural capaz de liberar informação, sons, imagens, sentimentos e ideias através do tempo e do espaço. A quantidade e a qualidade de ideias colocadas em um texto podem ser aceitas por uma sociedade, ou por ela negadas, quando entram em choque com conceitos ou normas culturalmente admitidos.

Nas sociedades modernas, em que a classe média tende a considerar o livro como sinal de *status* e cultura (erudição), os compradores utilizam-no como símbolo mesmo, desvirtuando suas funções ao transformá-lo em livro-objeto. Mas o livro é, antes de tudo, funcional — seu conteúdo é que lhe dá valor (os livros de ciências, filosofia, religião, artes, história e geografia, que representam cerca de 75% dos títulos publicados anualmente em todo o mundo).

O mundo lê mais

No século XX, o consumo e a produção de livros aumentaram progressivamente. Lançado logo após a Segunda Guerra Mundial (1939/45), quando uma das características principais da edição de um livro eram as capas entreteladas ou cartonadas, o livro de bolso constituiu um grande êxito comercial. As obras — sobretudo *best sellers* publicados algum tempo antes em edições de luxo — passaram a ser impressas em rotativas, como as revistas, e distribuídas nas bancas de jornal. Como as tiragens elevadas permitiam preços muito baixos, essas edições de bolso popularizaram-se e ganharam importância em todo o mundo.

Até 1950, existiam somente livros de bolso destinados a pessoas de baixo poder aquisitivo; a partir de 1955, desenvolveu-se a categoria do livro de bolso "de luxo". As características principais destes últimos eram a abundância de coleções — em 1964 havia mais de duzentas, nos Estados Unidos — e a variedade de títulos, endereçados a um público intelectualmente mais refinado. A essa diversificação das categorias adiciona-se a dos ponto de venda, que passaram a abranger, além das bancas de jornal, farmácias, lojas, livrarias, etc. Assim, nos Estados Unidos, o número de títulos publicados em edições de bolso chegou a 35 mil em 1969, representando quase 35% do total dos títulos editados.

Proposta da coleção "A Obra-Prima de Cada Autor"

"Coleção" é uma palavra há muito tempo dicionarizada e define o conjunto ou reunião de objetos da mesma natureza ou que têm alguma relação entre si. Em um sentido editorial, significa o conjunto não limitado de obras de autores diversos, publicado por uma mesma editora, sob um título geral indicativo de assunto ou área, para atendimento de segmentos definidos do mercado.

A coleção "A Obra-Prima de Cada Autor" corresponde plenamente à definição acima mencionada. Nosso principal objetivo é oferecer, em formato de bolso, a obra mais importante de cada autor, satisfazendo o leitor que procura qualidade.*

Desde os tempos mais remotos existiram coleções de livros. Em Nínive, em Pérgamo e na Anatólia existiam coleções de obras literárias de grande importância cultural. Mas nenhuma delas superou a célebre biblioteca de Alexandria, incendiada em 48 a.C. pelas legiões de Júlio César, quando estas arrasaram a cidade.

A coleção "A Obra-Prima de Cada Autor" é uma série de livros a ser composta por mais de 400 volumes, em formato de bolso, com preço altamente competitivo, e pode ser encontrada em centenas de pontos de venda. O critério de seleção dos títulos foi o já estabelecido pela tradição e pela crítica especializada. Em sua maioria, são obras de ficção e filosofia, embora possa haver textos sobre religião, poesia, política, psicologia e obras de autoajuda. Inauguram a coleção quatro textos clássicos: *Dom Casmurro*, de Machado de Assis; *O Príncipe*, de Maquiavel; *Mensagem*, de Fernando Pessoa; e *O lobo do mar*, de Jack London.

Nossa proposta é fazer uma coleção quantitativamente aberta. A periodicidade é mensal. Editorialmente, sentimo-nos orgulhosos de poder oferecer a coleção "A Obra-Prima de Cada Autor" aos leitores brasileiros. Nós acreditamos na função do livro.

---

* Atendendo a sugestões de leitores, livreiros e professores, a partir de certo número da coleção começamos a publicar, de alguns autores, outras obras além da sua obra-prima.

G. W. Leibniz: escorço de sua vida e obra

JOSÉ CARLOS ORSI MOREL

I

O conhecido pintor holandês Rembrandt H. van Rijn (1606-1669) é tido como um dos mestres do Barroco, um gênio do *chiaroscuro* e um dos melhores retratistas da pintura ocidental; seu profundo conhecimento dos movimentos e posturas do corpo, dos gestos e da fisionomia fazem que suas imagens, sejam elas óleos, desenhos ou gravuras, exprimam uma variedade de níveis e estados psicológicos jamais conseguida por outro artista. Sua profunda preocupação com a humanidade, mesmo nos aspectos mais comezinhos, foi uma fonte de inspiração para muitos outros da sua e das pósteras gerações, e é essa mesma agudeza psicológica, essa simpatia pelo ser humano comum que fazem que seu trabalho seja universalmente compreendido e apreciado. Uma de suas pequenas obras, conhecida como "O Pensador" ou "O Filósofo", representa um homem já avançado na maturidade, de longas barbas, num canto a cismar de braços cruzados, com muito recolhimento, sisudez e um toque de melancolia... Diríamos que essa é a própria imagem que o Barroco e o Classicismo fazem do sábio: um homem isolado, acabrunhado pelo peso das questões de alta indagação que o assoberbam e sobre as quais medita, isolado do mundo e de seus contemporâneos; essa imagem, devidamente matizada, caberia a alguns dos pensadores do século XVII, como Pascal ou Spinoza, mas seria totalmente desajustada ao ser aplicada à pessoa de G. W. Leibniz.

A vida de Gottfried Wilhelm Leibniz (1646-1716) estende-se pela segunda metade do século XVII e é a vida de um polímata eruditíssimo, preocupado com elevadas questões teóricas no campo da lógica, da matemática e da filosofia, bem como com a prática da jurisprudência e da historiografia, e, ao mesmo tempo, é a vida de um homem prático, engenheiro, geólogo, diplomata astuto e cabalador pelos interesses da casa de Hanôver e por seus próprios, profundamente envolvido com a política europeia de então, tratando com Luís XIV, o Rei-Sol (1638-1715) — seu contemporâneo — e com Pedro, o Grande, Czar de Todas as Rússias. Cortesão ávido de benefícios, é ao mesmo tempo propugnador pela paz europeia e pelo princípio de tolerância religiosa. Luterano de nascença e crença, sonha reconstruir a aliança entre o Papa e o Imperador Germânico, como eixo da futura organização política europeia, e acaba por pregar uma religião natural contrária aos dogmas, padres e pastores. Avesso à universidade, torna-se um semeador de academias científicas, e seus escritos, embora volumosos, são muito pouco sistemáticos, registrando ele suas principais contribuições em cartas e opúsculos geralmente redigidos em francês ou latim, embora Leibniz, como tentaremos mostrar ao longo deste escrito, seja propriamente um pensador alemão dos pés à cabeça. Tido como pensador racionalista, nem por isso deixa de se interessar, como outros seus contemporâneos, pela alquimia e pela "Fama Fraternitatis" de Andrae, dizendo alguns que foi membro da Sociedade Rosa-Cruz. Nosso filósofo, enfim, é um personagem bastante romanesco, quando comparado à maioria dos pensadores modernos...

Leibniz nasce em Leipzig em 1º de julho de 1646, de uma família de juristas; sua família é luterana convicta e muito piedosa. Seu pai morre em 1652 e ele é educado na tradicional escola Nicolai, mas lhe é deixada muita liberdade de estudo, de modo que logo se transforma em um autodidata na copiosa biblioteca paterna, apaixonando-se sucessivamente pelas belas-letras, por lógica e pela teologia escolástica. Na Páscoa de 1661, matricula-se na Universidade de Leipzig para estudar Direito, tendo como mestre Jacopus Thomasius. Lá lê Gassendi (1592-1655) e entra também em primeiro contato com o pensamento de homens que estão revolucionando a filosofia e a ciência de então: Francis Bacon (1561-1626), Galileu Galilei (1564-1642)[1], Thomas Hobbes (1588-1679) e René Descartes (1596-1650), fundador da filosofia moderna, francês e muito católico, mas exilado na Holanda por temor às perseguições eclesiásticas a sua filosofia. Podemos dizer que esses homens são seus verdadeiros *mestres*, que vão inspirar-lhe as primeiras reflexões e que o formarão. Leibniz é também contemporâneo de outros filósofos e cientistas importantes do período, com os quais mais tarde vai se relacionar, dialogar ou polemizar mais diretamente: Blaise Pascal (1623-1662), Baruch de Spinoza (1632-1677), John Locke (1632-1704), Girard Desargues (1591-1661) — o inventor da moderna geometria projetiva —, os físicos Christiaan Huyghens (1629-1695), Robert Boyle (1627-1691) e por fim Isaac Newton (1642-1727), com quem manterá áspera polêmica sobre a questão de prioridades na descoberta do Cálculo Diferencial.

---

[1] Galileu, depois de ásperas polêmicas com os escolásticos, é perseguido na velhice pela Inquisição, obrigado a abjurar sua defesa do movimento da Terra e vê suas obras postas no *Index* — do qual sairiam oficialmente só em 1963 (é bom lembrarmos isso àqueles que veem apenas rosas e piedade em qualquer ortodoxia de cunho religioso). Hoje sabemos pelos documentos secretos do Vaticano que tal perseguição não foi motivada pelo fato de ele ter defendido o sistema copernicano, como a sentença da Inquisição aparentemente nos faz crer, mas, sim, por ter sido valente e lúcido defensor do atomismo de Demócrito e de Gassendi, do método observacional e da aplicação sistemática de métodos matemáticos ao estudo da natureza, contra a física das qualidades de Aristóteles e a metafísica tomístico-jesuítica de Suarez, ou seja, por defender um ponto de vista que derrocava na prática toda a cosmovisão construída e defendida ardorosamente pela Igreja por mais de oito séculos e que se via

Na Universidade de Leipzig, Leibniz inicialmente se bacharela em artes, em maio de 1663, com uma dissertação denominada *De principio individui*. A idade bastante tenra, mesmo para a época, denota a solidez de seus estudos preparatórios. Nessa sua dissertação inaugural, baseada parcialmente no nominalismo luterano e que enfatiza o valor existencial do indivíduo, podemos já perceber um pequeno embrião de sua futura *Monadologia*. Depois de seu bacharelado e seguindo um hábito alemão bastante arraigado, muda de Universidade e passa um semestre em Iena, seguindo os cursos de Matemática de Weigel. Volta então para Leipzig, onde prossegue seus estudos de Jurisprudência na Universidade e, concluindo-os em 1666, vê aí rejeitada sua tese de doutoramento, fato que o faz abandonar Leipzig para sempre. Dirige-se então à cidade livre de Nüremberg, onde, na Universidade de Altdorf, consegue o grau de doutor em Direito, com a tese *De casibus perplexis*, no mesmo ano de 1666; essa Universidade oferece-lhe uma cátedra, mas ele recusa. A partir de então, Leibniz realizará toda a sua carreira fora do ambiente universitário, quando não em aberta oposição a ele.

---

então ameaçada pelo espírito pagão da Renascença e pela Reforma Protestante. Os jesuítas de então (cuja ação "educativa" — não obstante o que dizem muitos "intelectuais" brasileiros — até o final do século XVIII seria tão pornograficamente desastrosa em termos mundiais, a ponto de fazer a Sociedade de Jesus ser banida da maioria dos países europeus) arvoravam-se em campeões da Contrarreforma, disputando aos tradicionais dominicanos o zelo inquisitorial e buscando influenciar, pela educação da infância, pelo monopólio do confessionário, pelo uso de uma pedagogia conformista que privilegia o uso da memória e a submissão ao parecer da autoridade em vez do desenvolvimento do pensamento crítico e do livre exame, pela introdução dos famigerados "diretores espirituais" e pela prática sistemática de intrigas e cabalas diversas, o cotidiano e o proceder de todas as camadas sociais, bem como os atos dos governos. Parafraseando Proudhon, numa carta a Sainte-Beuve em que acusa o recebimento, agradece e analisa algumas passagens da obra que este último lhe envia sobre Port-Royal, o jesuitismo ao longo do século XVII tende aceleradamente a transformar-se numa espécie de lamaísmo católico, com vistas a dominar teocraticamente toda a vida social, intelectual e política do Ocidente. (N. do A.)

Sua estadia em Iena o estimula a ler as obras do filósofo catalão medieval Ramón Llull (1235-1316) e as obras curiosíssimas de Athanasius Kirschner e a envolver-se com as especulações sobre o "saber universal"[2]; dessas especulações e de seus estudos matemáticos resultará a publicação, ainda no ano de 1666, da *Ars combinatoria,* que é o primeiro escrito lógico de Leibniz e que representará um primeiro passo em toda uma importante vertente de seu pensamento. A *Ars combinatoria* é, por um lado, um escrito matemático sobre um tema que começa a chamar a atenção dos pesquisadores: a contagem do número de combinações e de arranjos possíveis entre diversos elementos, tema hoje incorporado à Teoria dos Conjuntos e à Teoria dos Números sob o nome de *Análise Combinatória*. Esses estudos já tinham chamado a atenção de Pascal, levando-o à descoberta do famoso "triângulo de Pascal", e já tinham proporcionado os primeiros estudos sobre o Cálculo das Probabilidades; Leibniz, ao se debruçar sobre o assunto, vai lhe conferir entretanto um cariz estranhamente *moderno*: trata-se de formular modelos para qualquer espécie de raciocínio ou de descoberta, verbais ou não, por meio da

---

[2] O leitor certamente saberá que Ramón Llull, filósofo, teólogo e alquimista inspirado pelas tradições místicas dos sufis árabes e pela Cabala hebraica, é o primeiro a introduzir na Europa o problema do saber universal concebido enquanto um método para extrair novos conhecimentos sobre qualquer tema, a partir de uma espécie de mnemotécnica ou cálculo simbólico que se preocupa com o modo correto de agregar as proposições verdadeiras já conhecidas em tabelas universais de modo a poder "compor" assim, sistematicamente, novos conhecimentos. Esse procedimento, que ficou conhecido como Ars Lullianna, vai gerar muito interesse e polêmica durante o final da Idade Média e o Renascimento, acabando por cair em desuso a partir do momento da construção da ciência moderna. A Ars Lullianna interessará muito a Giordano Bruno, mas não sabemos se Leibniz o leu. Athanasius Kirschner, por sua vez, espírito muito ligado por sua produção intelectual a todo o ambiente da Magia Natural do Renascimento, utilizará os procedimentos lullianos para tentativas bizarras, como reconstruir a planta da Arca de Noé, e para obter uma "tradução" dos hieróglifos egípcios, que teoricamente permitiria o acesso ao tesouro sapiencial dos antigos. Note o leitor que, embora já conquistado pelo racionalismo, Leibniz nessa empreitada

redução desses raciocínios à combinação ordenada de seus elementos, tais como números, cores, palavras, sons, etc.; em suma, um procedimento lógico análogo aos que hoje utilizamos nos computadores digitais. Essa *lógica da invenção*, nesse momento ainda bastante embrionária e desde já associada às questões de *probabilidade*, vai desenvolver-se em escritos posteriores até transformar Leibniz num dos precursores da moderna Lógica Matemática.

Em Nüremberg, no começo de 1667, ele conhece o barão de Boyneburg, um dos mais importantes estadistas alemães da época. O barão o toma a seu serviço, e a partir de então a carreira de Leibniz dá uma guinada inesperada e definitiva: será doravante secretário, cortesão e/ou diplomata a serviço de algum dos príncipes do Sacro Império. É Boyneburg quem o introduz na corte do arcebispo de Maiença, Johann Philipp von Schönborn, que é, por seu posto, também um dos Príncipes Eleitores do Sacro Império Romano-Germânico; o arcebispo o toma a seu serviço como conselheiro em seu tribunal e como consultor para questões legais e políticas. A consolidação de Luís XIV no poder e o apogeu do Estado Absolutista na França constituem grandes riscos para o Império, como a incorporação de Estrasburgo à França mais tarde o mostrará. Na corte de Maiença, Leibniz tem uma vida agitada, redigindo pequenas obras de política, de jurisprudência e de cálculo de probabilidades; o arcebispo, com o objetivo de desviar os impulsos expansionistas de Luís XIV para alvos mais seguros, pretende propor ao rei da França uma expedição ao Egito com base na velha ideia da cruzada; como utiliza a questão religiosa como

---

se mostrará um continuador da filosofia alemã de Nicolau de Cusa e de Meister Eckart, em sua busca pelo lado místico do conhecimento. Seria interessante igualmente uma comparação desse procedimento leibniziano com as empreitadas dos iluministas místicos seus contemporâneos, como Michael Mayer e seu célebre *Atalanta Fugiens,* que C. G. Jung retomou, como ilustração sobre suas teorias sobre a Psicologia Profunda, no terceiro tomo de seu *Misterium Conjunctionis*. Infelizmente não há espaço, nestas notas, para tais desenvolvimentos. (N. do A.)

pretexto, ele exprime o desejo de esse projeto poder promover a reunião das Igrejas, e Leibniz, com vistas a tais negociações, prepara um opúsculo denominado *Demonstrationes catholicae*, no qual, discutindo a possibilidade e a conveniência de uma reunificação das Igrejas, situa a alma num ponto, dando assim mais um passo em direção a sua *mônada,* e desenvolve o *princípio da razão suficiente* (nada ocorre sem razão), que o conduzirá mais tarde a seu *otimismo*. Seu gosto pela filosofia se aprofunda em Maiença, como bem o demonstra uma rápida sequência de escritos: *Confessio naturae contra atheistas* (1668), *Carta a Thomasius* (abril de 1669), *De stylo philosophico nozlii* (1670), escrito curioso em que ele é o primeiro a propugnar pela conveniência do uso do alemão nos estudos filosóficos, *Theoria motus abstracti* e *Hypothesis physica nova* (1671) e a *Carta a Arnauld* (novembro de 1671), entre outros. É importante notar que na *Hypothesis* ele se defronta novamente com o difícil problema do ponto, no contexto da óptica, do estudo do espaço e do movimento, e que nesse texto ele, recuperando as ideias de Kepler, atribui o movimento à ação de um espírito (Deus), opondo-se assim implicitamente a um ponto importante da física cartesiana. Em 1672, o Eleitor despacha seu jovem jurista para Paris, na qualidade de embaixador junto a Luís XIV para discutir os acordos propostos. Leibniz chega em março à Cidade-Luz, dando início a um importante período de sua carreira.

II

A permanência de Leibniz em Paris será importante para sua vida pessoal e sua carreira diplomática, mas será *fundamental* para sua evolução filosófica. Ele residirá durante quatro anos na capital francesa, salvo uma curta permanência em Londres (entre janeiro e março de 1673), e, quando retornar à Alemanha, o fará por Londres e Haia, lá então visitando Spinoza. Uma característica interessante em Leibniz é o desenvolvimento mais ou menos lento do sistema[3], muito embora, como já mostramos acima, possamos observar alguns de seus mais importantes elementos presentes desde os primeiros exercícios filosóficos do pensador. Em Paris, Leibniz terá um contato mais direto com os escritos de Descartes, sendo ademais iniciado na matemática dos modernos: ele pouco conhecia então do método analítico de Descartes em geometria e com certeza é ali que lê o *Essai sur les Coniques* de Pascal e os trabalhos de Desargues. É Huyghens, então residindo em Paris, que lhe serve de intermediário nesses estudos, apresentando-lhe também muitos de seus próprios trabalhos. Leibniz conhece pessoalmente Arnauld já em setembro de 1672, e esse contato, assim como o de Huyghens, será importantíssimo; ele discutirá com o jansenista seus projetos de reunificação da Igreja, manterá contato com um tipo de catolicismo não conformista, heterodoxo, que se opõe ao espírito da Contrarreforma, e, portanto, mostra-se visceralmente antijesuítico. Por intermédio de Arnauld, Leibniz conhecerá muitos outros pascalianos e jansenistas, entre os quais Étienne Périer, sobrinho de Pascal, que, em meados de 1674, lhe permite o acesso a vários escritos então inéditos do tio, que Leibniz pretende editar. Em sua estadia já aludida em Londres, trava contato com Robert Boyle e com vários membros da Royal Society, então em seus começos, tendo nessa ocasião apresentado a essa academia um projeto de máquina de calcular que, inspirado no protótipo de Pascal, agrega, entretanto, diversos melhoramentos; em Londres igualmente entra em contato com diversos colaboradores de Newton, fato que lhe valerá mais tarde a injusta acusação de ter plagiado o *cálculo das fluxões* do inglês em seus estudos sobre o Cálculo Diferencial.

---

[3] É comum nos estudos leibnizianos dividir a sua carreira num período pré-sistemático, que vai desde sua dissertação de bacharelado até 1686, e um período sistemático de maturidade, no qual ele tenta produzir versões sintéticas, mas completas, de seu pensamento. A obra que o leitor tem em mãos pertence a esse último período. (N. do A.)

No primeiro semestre de 1675 ele conhece igualmente Nicolas Malebranche (1638-1715), um filósofo mais ortodoxo que continua o desenvolvimento do cartesianismo no sentido estrito, polemizando contra as interpretações espinosistas e pascalianas do pensador; o contato com Malebranche faz que Leibniz aprofunde sua leitura crítica de Descartes e comece a diferenciar seu racionalismo do racionalismo francês. Sua diferença básica com o cartesianismo se dá na interpretação da *substância*, que Descartes e o cartesianismo ortodoxo tendem a considerar como pura *extensão,* e na concepção da física como um mecanismo rígido movido a contatos imediatos e turbilhões e na ideia de uma *matéria inerte*, à qual ele oporá sua concepção *dinâmica* das partículas dotadas de energia própria; uma diferença mais sutil e muito menos aparente talvez resida no ferrenho *antiatomismo* dos cartesianos, bem como numa concepção distinta do papel da *razão*. Matemático, espiritualista e racionalista como Descartes, Leibniz apresentará contra esse pensamento uma longa e duradoura reação, opondo cada vez mais sua filosofia à filosofia então dominante na França. Essa é igualmente a razão profunda de seu vivo interesse por Spinoza. Que nos seja permitido apresentar um exemplo para tornar mais claro o que dizemos.

Num opúsculo intitulado *Aurora seu initia scientia generalis*, Leibniz opõe a prática bárbara e primitiva que tira o fogo do atrito entre pedaços de madeira à prática erudita que o extrai dos raios do sol através de uma lente: "De um lado, primeiro a matéria espessa e terrestre, depois o calor e depois a luz; de outro a luz primeiro, depois o calor e por fim a fusão das matérias mais duras..." Tanto o título do opúsculo quanto o simbolismo do fogo utilizado no trecho citado são tomados de Jacob Boehme (1575-1624), o grande pensador místico que está, com Nicolau de Cusa, Eckart e Valentin Wiegel, no início da filosofia alemã moderna. Boehme, filho de uma família camponesa acomodada e tornado mestre sapateiro, não filosofa por diletantismo, por brilho acadêmico ou por ideologia, mas, sim, por necessidade e instinto, impelido por um forte impulso interior. Autor de vários opúsculos sobre a aurora (*Morgenroth*), em que o fenômeno astronômico é interpretado por seus vários aspectos simbólicos, compartilhando esse simbolismo e essa busca mística com outras correntes intelectuais de alquimistas especulativos e práticos, com o pensamento de um Paracelso, de um Andrae, de um Michael Mayer, por exemplo, escrevendo em vernáculo e não em latim, para se fazer entender por um maior número de leitores, o que Boehme busca, como Wiegel, não é a gnose, mas a salvação. A Alemanha assim aparece-nos, já no início de sua história filosófica moderna, como o país do *misticismo especulativo* em oposição ao *misticismo religioso* que domina nos países latinos durante a Baixa Idade Média e o Renascimento. Tanto Boehme quanto Wiegel e de modo geral todo um movimento de ideias e de práticas que ao mesmo tempo os plasma e os segue são hostis à tese luterana da salvação pela fé, da salvação que decorre exclusivamente dos méritos de Cristo e que nos vem do exterior sem causa ou explicação concebível; serão mais hostis ainda à *predestinação* calvinista, sem por isso abandonarem alguns dos postulados e críticas da Reforma, tais como a necessidade de uma interpretação pessoal dos Evangelhos e a hostilidade ao poder temporal dos papas[4]. Para eles, é por meio de uma *transformação íntima e efetiva*, por meio de uma verda-

---

[4] São tais características que aproximam mais esses primeiros pensadores alemães das inquietudes dos boêmios e dos moravos, que, na figura do movimento hussita, por exemplo, promovem uma extensa revolução ao mesmo tempo teológica, política e social em toda a Europa Central do século XVI, do que propriamente da ortodoxia protestante tão avidamente abraçada pelas classes dominantes e pelas camadas dirigentes alemãs. O fenômeno das guerras camponesas, que acompanha em toda parte a instalação do protestantismo, está correlacionado com tais inquietações e buscas, não totalmente separadas de aspirações confusas de reforma social e de luta de classes, mas de modo algum redutíveis a isso. Dada a exiguidade de espaço não podemos desenvolver mais o tema; o leitor interessado poderá obter informações interessantes no livro de Norman Cohn *The Porsuit of Millenium*. Referências clássicas ao tema são o trabalho de Mikhail Bakunin *L'Empire Knuto-Germanique et la Révolution Sociale* e o trabalho bem conhecido de F. Engels sobre as guerras camponesas na Alemanha.

deira *renascença* que o homem chega à salvação. É preciso, pois, todo um *trabalho* do espírito para que isso aconteça. Esse renascimento e esse trabalho implicam uma *representação* de Deus e da natureza humana que constituem uma verdadeira *teosofia*.

Em Wiegel, por exemplo, essa teosofia assenta-se sobre a idéia de que Deus é primitivamente inativo, sem vontade, sem personalidade, e de que, ao criar, de alguma forma revela a si mesmo e torna manifestos todos os seus atributos[5]; a criatura, como contém uma parcela do nada, tem também a possibilidade de se afastar de Deus, de dobrar sua vontade para si mesma, e isso é a *queda*, tanto a de Lúcifer quanto a de Adão, e daí, portanto, decorre que o inferno está dentro de nós mesmos. Existem, pois, duas espécies de conhecimento: aquele que corresponde ao estágio da criatura decaída (conhecimento natural) e aquele correspondente ao estado da criatura salva e reconduzida a sua origem (conhecimento sobrenatural). No primeiro caso o objeto é passivo com relação ao sujeito de conhecimento e o objeto exterior é apenas uma *ocasião* para o conhecimento. No segundo caso é o objeto (Deus) que é completamente ativo e o sujeito de conhecimento deve apenas ascender à contemplação desse objeto; esse segundo conhecimento, entretanto, se dá por intermédio do homem e é também interior, de modo que Deus, assim como o inferno, está também em nós e é por intermédio de nós que ele se conhece e se dá a conhecer. A salvação do homem é a última etapa do ato por meio do qual Deus se conhece, e esse conhecimento sobrenatural é, pois, uma transformação do ser, uma *obra* (*Werk*).

Tomando por base Wiegel, o ponto de partida de Boehme será a *experiência do mal*: a tristeza e a melancolia que advêm

---

[5] O leitor familiarizado com história das religiões verá nessa concepção um eco ou uma transcrição das mais antigas teogonias que chegaram ao nosso conhecimento, tais como a ruptura do Abismo (Mummu-Tiamat), na religião sumérica; a emersão da Colina Primordial do caos aquoso por efeito da masturbação de Rá, no mito egípcio, ou a separação entre o Mundo e o Caos a partir de um processo de agitação análogo ao da extração da manteiga do leite, no mito indiano. A psicologia jungiana tenta nos explicar tais analogias mediante o "processo de individuação". (N. do A.)

do fato de o ímpio ser tão feliz quanto o piedoso, e seu ponto de chegada, sua aurora depois de uma pesada travessia noturna, é a "alegria triunfante do espírito", o renascimento que segue a iluminação e que lhe permite a compreensão da vontade de Deus. Amigo dos alquimistas, Boehme verá uma analogia profunda entre esse processo de iluminação e a Grande Obra: ele vê na transformação dos metais, na sua purga e sofrimento no cadinho, na sequência de operações que separa o puro do impuro e que depois, combinando os princípios assim obtidos, regenera o metal vil em ouro, uma imagem do processo pelo qual a alma deve passar. A *calcinação* dos alquimistas é análoga ao *trabalho de purificação* pelo qual a alma decaída obtém sua salvação.

Quando Leibniz se refere às duas maneiras de fazer fogo, então, está se referindo a esse tipo de trabalho: a maneira bárbara de fazer fogo é análoga ao processo de *purificação* da matéria e do conhecimento; é a via laboriosa pela qual esse conhecimento é obtido e transmitido, ao passo que a via erudita é a possibilidade de o conhecimento superior incidir diretamente sobre a matéria, refundindo-a e transformando-a. *Nada está mais distante da concepção cartesiana que tal ordem de ideias*. Para convencer-se disso, basta que o leitor deite os olhos ao *Le Monde* de Descartes para estudar sua concepção da luz e dos elementos, ou que se lembre que Malebranche considerava os ganidos de uma cadelinha que tinha levado um pontapé como sendo apenas "ruídos de engrenagens". Esse tipo de raciocínio e de concepção do processo de conhecimento estará, pois, na fonte do *idealismo alemão,* e Leibniz, embora filiando-se ao racionalismo, estará portanto situado nessa perspectiva e não na perspectiva das filosofias francesa e inglesa, que caminharão, no que tange às questões epistemológicas, para o positivismo e o empirismo, respectivamente.

Enganar-nos-íamos, entretanto, se supuséssemos essa oposição de Leibniz ao cartesianismo como fundada em motivos puramente filosóficos e metodológicos: há motivos políticos e pessoais em jogo também. Sua ambição pessoal é clara, honesta, notória; ele pretende, entre outras coisas, ser um grande filósofo e um grande cientista, mas possui um grande concorrente em filosofia: a sombra de Descartes, que o perturba visivelmente. Contra aquele cuja glória ainda é tão viva ao seu tempo, ele assume a atitude de um adversário e de um êmulo feliz; há um traço estilístico que nos mostra claramente essa tendência: toda vez que ele se vê forçado a louvar um ponto de vista de Descartes, isso é prelúdio de um duro ataque anticartesiano!... Isso não deve surpreender--nos: é notório que, sem o racionalismo cartesiano, sem a crítica espinosista, o pensamento de Leibniz seria pouco concebível. Há, entretanto, um outro aspecto que merece maior consideração: contrariamente a muitos de seus contemporâneos, Leibniz é radicalmente *alemão* e pretende ver sua pátria alçada à grandeza na qual ele pode ver postada a França de Luís XIV; já vimos um aspecto dessa sua postura em sua defesa do alemão como língua filosófica — o endereço é certo, porque, a partir do final do século XVI, o francês ascende rapidamente à categoria de língua erudita ao lado do latim, e o cartesianismo não é estranho a tal movimento; por outro lado, o próprio desenvolvimento do Estado Absolutista na França, aliado à decadência espanhola, impulsiona o francês à categoria de língua diplomática por excelência. O *século de Luís XIV* é igualmente uma época de florescimento para a literatura clássica na França, e a influência dessa nova literatura logo ultrapassa os limites franceses ou latinos, espalhando-se por todo o espaço europeu e repercutindo até mesmo na longínqua Moscóvia; mais uma vez podemos observar a reação leibniziana propondo ainda o latim como veículo apropriado para a moda dos novos versos alexandrinos franceses.

Leibniz tem claras as dificuldades que impedem esse movimento ascensional alemão, e, nesse sentido, seu aparente anacronismo na defesa de um papel político ativo para o Sacro Império Romano-Germânico não nos deve enganar; não se trata de voltar à Idade Média nem ao sonho político de Dante: trata-se antes de propugnar pela unificação da Alemanha, e o Império, dessa forma, seria para ele um melhor sucedâneo para a construção de um Estado Nacional do que os mesquinhos principados territoriais germânicos, que, desde o século XI, lutam entre si pela preponderância no espaço alemão e pela Coroa de Ferro, sem saber extrair disso maiores rendimentos políticos. Daí decorre, igualmente, seu progressivo distanciamento da ortodoxia luterana e a necessidade que ele vê de *conciliar as religiões*. Como, caso contrário, unificar a Áustria e a Baviera católicas com a Prússia e o Brandemburgo rigidamente luteranos? Leibniz viu com igual clareza o uso político que os príncipes alemães fizeram da Reforma, obstaculizando com isso a formação do Estado nacional alemão. De igual maneira ele percebe muito claramente os efeitos econômicos da concentração política e mais tarde, em seu período hanoveriano, tentará instalar no Harz as mesmas manufaturas que, com Colbert, faziam a fortuna da França seiscentista[6].

Em 1675, depois de longa maturação e de um estudo criterioso da matemática de Huyghens, de Pascal e de Descartes, Leibniz publica o *Nova methodus pro maximis et minimis*, isto é, seu trabalho sobre o Cálculo Diferencial e Integral, em que apresenta sua noção de *infinitésimo*. Com essa descoberta ele se torna mais independente das concepções geométricas de Descartes (embora, digamo-lo claramente, sem a geometria de Descartes teria sido *impossível* a Leibniz descobrir o cálculo). Com essa descoberta ele igualmente deixa de considerar o espaço e o tempo como *substâncias*, podendo considerar um *ponto* como um volume infinitesimal sujeito, pois, à contagem, e o tempo como composto de *instantes* individuais, e dessa forma dá um passo a mais em direção à *monadologia*

---

[6] O leitor nos desculpará este tosco esquema sobre as influências políticas no pensamento de Leibniz: se ele, ao contrário de Maquiavel, de Hobbes ou de Locke, não pode ser considerado primordialmente como um pensador político, isso não quer dizer que não tenha pensado a política e nem que esta estivesse totalmente ausente de suas considerações. Para um melhor esclarecimento da questão, remetemos o leitor à obra clássica de Victor Basch: *Les Doctrines Politiques des Philosophes Classiques de l'Allemagne* (Paris, Alcan, 1927).

de sua maturidade. Sem entrarmos fundamente no debate sobre o "plágio" de Leibniz a Newton, comentemos apenas que, do ponto de vista geométrico e epistemológico, não há a menor semelhança entre os *infinitésimos* de Leibniz e as *fluxões* de Newton, muito embora possa ser provado, como será feito no século XVIII, que ambas as formulações são equivalentes[7]. Além disso, Newton *recusava-se* a publicar seus resultados, utilizando-os mais ou menos como um *segredo de ofício* para resolver problemas matemáticos, e só se dispôs a publicar "seu" cálculo no auge da polêmica das prioridades, ao contrário de Leibniz. Por outro lado, se consultarmos os *Principia* de Newton, mesmo na 2ª edição, veremos que este utiliza de preferência o *método geométrico* de Arquimedes e de Descartes para a resolução dos problemas, ao passo que Leibniz desenvolve a nova ferramenta *em si*, inventando novos métodos de cálculo, estabelecendo alguns teoremas fundamentais e finalmente criando metodologias operacionais para que o cálculo pudesse ser utilizado normalmente como mais uma ferramenta matemática. É notável também o fato de que, nos manuais modernos, é sem dúvida a metodologia e as notações de Leibniz que predominam sobre as de Newton. Hoje podemos dizer que, muito provavelmente, o caso do Cálculo Infinitesimal foi um daqueles de *descoberta paralela* relativamente comuns na história da ciência. Do ponto de vista filosófico, entretanto, não poderemos subestimar a importância dessa descoberta para o pensamento de Leibniz: com essa descoberta ele se afasta cada vez mais da geometria cartesiana e se aproxima da *mônada*. Ademais, pensando os infinitésimos como os elementos reais do espaço, ele pode generalizar a ideia de *dimensão*, sendo um dos primeiros a intuir a possibilidade de escrever a geometria para um número inteiro arbitrário de dimensões. Essa nova

---

[7] Fato esse, aliás, mais ou menos corriqueiro na história da ciência: a mecânica matricial de Heisenberg é equivalente à equação de onda de Schrödinger ou às integrais de trajetória de Feynmann na formulação da Mecânica Quântica, da mesma forma como a axiomática de Zermelo-Frenkel é equivalente à axiomática de von Neumann na formulação da Teoria dos Conjuntos. (N. do A.)

ferramenta possibilitará igualmente que Leibniz supere o conceito cartesiano de mecânica e sua respectiva formulação das leis do movimento, sendo ele o primeiro a introduzir o conceito de *energia cinética* (que ele denominava *vis viva* — força viva) na dinâmica[8].

---

[8] É importante nesta altura ressaltar as diferenças entre as formulações newtoniana e leibniziana da Mecânica Clássica. Newton, com seu *Principia Mathematica Philosophia Naturalis* (há tradução inglesa desse trabalho, realizada por um amigo de Newton — Motte — e revisada por Cajori em 1926; essa edição está sempre disponível ao leitor, em várias tiragens editadas pela UCLA. A Editora da Universidade de São Paulo — Edusp — empreendeu a tradução brasileira do texto, infelizmente restrita até o momento ao primeiro volume), vai sem dúvida produzir uma formulação influente não apenas do ponto de vista da sistematização obtida, do poderio dos métodos analíticos, mas também pela abundância e importância dos resultados: um mesmo conjunto de axiomas explica perfeitamente bem a queda dos graves, o movimento dos astros e cometas e as características das marés, além do movimento do pêndulo e o comportamento de vários outros fenômenos físicos, confirmando assim concretamente a hipótese de Galileu de que não há diferença essencial entre os movimentos celestes e os terrestres. Nesse sentido, Newton será o grande mestre da física e da epistemologia do século XVIII; como ele mesmo disse, subiu aos ombros de gigantes como Copérnico, Kepler e Galileu para construir seu trabalho, mas, uma vez pronto este, os resultados de seus predecessores ficaram na prática ultrapassados e o desenvolvimento científico do Século das Luzes se dará nos quadros delimitados pela axiomática newtoniana. Os resultados de Newton, entretanto, exprimem o que hoje conhecemos como Mecânica Vetorial e descrevem os fenômenos localmente com auxílio de um sistema de equações diferenciais de segunda ordem. Leibniz atinge um ponto de vista distinto, mas equivalente ao newtoniano, com seu conceito de força viva ou, como diríamos modernamente, de energia. O conceito de energia permite tanto as formulações locais da física quanto as formulações globais, isto é, permite discutir não apenas os valores instantâneos das velocidades e acelerações, mas também discutir e prever as trajetórias globais de um determinado sistema e extrair conclusões sobre sua topologia. Para sistemas compostos por um número muito grande de partículas, bem como para o estudo dos denominados meios contínuos (sólidos, líquidos e gases), que possuem um número infinito de graus de liberdade, a formulação vetorial de Newton é operacionalmente impossível e o método energético é imprescindível. Leibniz, entretanto, não desenvolveu sua dinâmica de maneira tão completa quanto Newton o fez com a sua, contentando-se apenas com alguns esboços e esquemas (seu *Essai de Dynamique*, por exemplo, conta apenas quinze páginas, contra as mais de quatrocentas dos

III

O barão de Boyneburg tinha falecido em dezembro de 1672 e o Eleitor de Maiença em fevereiro de 1643, de modo que, sem protetores, Leibniz vive em Paris com poucos recursos praticamente por três anos (1674-1676). Não sendo clérigo, como Malebranche, nem pensionado de um governo, como Huyghens, nem possuindo bens de raiz, como Descartes, a questão da sobrevivência impunha-se. Leibniz e Spinoza

---

Principia de Newton), e assim suas ideias não tiveram de imediato toda a ressonância merecida. Foi necessário aguardar mais de um século para que as limitações da formulação newtoniana fossem percebidas e para que o poder dos métodos de balanço energético fosse devidamente apreciado. Depois que D'Alembert e Maupertuis, no final do século XVIII, reformularam a axiomática de Newton, estabelecendo a mecânica em bases mais amplas, é que pôde nascer, pelos esforços de Lagrange, por volta de 1815, a denominada Mecânica Analítica, baseada no estudo de funções definidas sobre o conteúdo energético global do sistema e operando com derivadas primeiras. Em meados do século XIX, Hamilton e Jacobi reelaboram a teoria de Lagrange, produzindo a denominada formulação de Hamilton-Jacobi para a Mecânica Analítica. Essa formulação descreve as equações de movimento de um sistema qualquer em funções de parâmetros derivados apenas de sua energia total (a função hamiltoniana do sistema) num espaço de 2N dimensões, denominado espaço de fase, em que N é o número de graus de liberdade do sistema. Demonstra-se que, do ponto de vista matemático, estudar a mecânica de um determinado sistema é equivalente a estudar as geodésicas, ou seja, as linhas de menor comprimento que a hamiltoniana define no espaço de fases, obtendo assim tanto uma descrição global do movimento do sistema como uma descrição local. Essa formulação, que Poincaré denominava dinâmica generalizada, pode ser aplicada não apenas aos sistemas físicos propriamente mecânicos, mas também aos problemas de Termodinâmica e de Eletromagnetismo, possibilitando dessa forma uma visão geral e integrada da física no sentido de um saber universal leibniziano. Mostrou-se, igualmente, no século XX, que as novas teorias físicas da Relatividade e da Mecânica Quântica podem ser igualmente escritas no formalismo lagrangeano e que este pode ser aplicado em uma extensa ordem de problemas, que vai desde questões de deformação e de elasticidade, em engenharia, até problemas de biologia, matemática, astrofísica, cosmologia ou de Teoria Quântica de Campos, de modo que o ponto de vista de Leibniz demonstrou-se historicamente muito mais fecundo que o de Newton. (N. do A.)

são os únicos grandes filósofos de seu tempo que devem trabalhar para viver, e ele, dando mais uma vez provas de seu gênio prático aliado ao espírito filosófico, entabula uma série de habilíssimas negociações envolvendo Colbert (então ministro de Luís XIV), Christian de Mecklemburg e o rei da Dinamarca, visando conseguir uma nova colocação. Quer inicialmente um trabalho na embaixada de algum principado alemão, para prosseguir seus férteis anos em Paris, mas acaba conseguindo emprego com Johann-Friedrich, duque de Braunschweig-Lunenburg, cujos domínios então compreendiam os ducados de Helle e de Hanôver. O duque o emprega inicialmente como bibliotecário, fato este que implica sua residência permanente em Hanôver; a partir de então, salvo por breves períodos, não mais deixará a Alemanha. Ele aceita esse cargo em outubro de 1676 e deixa Paris, voltando à Alemanha em um pequeno périplo por Londres e pela Holanda. Em Londres visita brevemente Collins, então secretário da Royal Society, e na Holanda encontra-se com os naturalistas Swammerdam e Leeuwenhoek, que no momento estão revolucionando essa ciência por meio da aplicação do microscópio ao estudo de problemas biológicos, na senda aberta alguns anos antes por Robert Hooke na Inglaterra; em Haia encontra-se igualmente com Spinoza, como já dissemos, e chega a Hanôver em meados de dezembro desse mesmo ano. O duque de Hanôver tinha passado do luteranismo para o catolicismo em 1651 e tornou-se duque em 1665, mas seu ducado era fortemente luterano e não seguia as orientações de seu amo. Nesse ambiente propício, ele volta a desenvolver negociações sobre a reunificação das Igrejas, começando a discutir essa questão, já em 1677, com o enviado especial do imperador, o bispo Cristóbal Rojas de Spínola, e com Nicolas Steno, um prelado que também foi um dos fundadores da moderna geologia. Com o mesmo escopo, entabula, a partir de fevereiro de 1679, uma correspondência com o renomado orador sacro e historiógrafo católico, o bispo Bossuet; tal correspondência estende-se até 1702.

Leibniz desenvolverá na Alemanha uma atividade imensa,

mas, do ponto de vista filosófico, esse será, mormente em sua primeira fase, um período de maturação de seu sistema e de suas ideias, bem como um período de consolidação do *Cálculo Infinitesimal* (uma nova edição do *Nova methodus* é lançada em 1684). Contratado inicialmente como bibliotecário, Leibniz, já em fevereiro de 1677, postula um cargo de conselheiro, que finalmente acaba por lhe ser concedido em 1678; nesse posto será uma espécie de factótum, não restringindo suas atividades às questões políticas e jurídicas, como o nome da função indica. Ele tenta ainda voltar a Paris em 1679, no seio da delegação de Hanôver, formada para discutir com Luís XIV as consequências do tratado de Nijmegen, que faz do rei da França praticamente o senhor da Europa, mas não consegue. Em seus primeiros anos de conselheiro do duque, Leibniz propõe a inspeção oficial de claustros e conventos, forma conselhos de educação elementar, visando a uma reforma que torne o ensino mais prático, e desenvolve vários trabalhos de engenharia: trabalha no projeto de prensas hidráulicas — um tema já caro a Pascal —, desenvolve máquinas e moinhos hidráulicos ou de vento, projeta relógios e se envolve profundamente com problemas de melhoria viária e pavimentação de estradas; visando a economizar potência, estuda também novos eixos e rodas, bem como redesenha carruagens com o objetivo de minimizar as perdas por atrito e assim economizar na manutenção de estalagens e postos de correio oficiais do ducado. Desenvolve igualmente algumas pesquisas com o fósforo, então recentemente descoberto pelo alquimista Hennig Brand. Sua grande preocupação, entretanto, é com o desenvolvimento de manufaturas em Hanôver, segundo o modelo que tinha observado na economia colbertiana francesa; nesse sentido, dedica-se bastante ao problema da exploração das jazidas mineiras do Harz, trabalhando nelas frequentemente como engenheiro entre 1680 e 1685; um obstáculo maior na exploração dessas jazidas era a inundação das galerias abertas por infiltração de freáticos, e Leibniz então desenvolve uma bomba especial, movida pela força hidráulica dos riachos vizinhos às minas, que permite a drenagem eficaz das galerias e a exploração das jazidas. Esses trabalhos fazem dele, além de um engenheiro, um dos criadores da moderna geologia, graças às observações de campo que pode, nessa situação, fazer; tais observações foram condensadas num escrito — *Protogea* — que só veio à luz postumamente, em 1749: nesse escrito Leibniz emite a hipótese de que a Terra teria sido primitivamente um corpo em fusão. Esses interesses geológicos também o põem em contato com o naturalista Buffon.

Do ponto de vista científico e filosófico, esses são anos também de criatividade: em março de 1679 ele aperfeiçoa o sistema binário de numeração, em outra antevisão da importância que os problemas computacionais assumiriam no futuro, e no final do mesmo ano escreve seus primeiros textos sobre problemas de topologia e continua a aperfeiçoar seus estudos de dinâmica.

Johann-Friedrich falece em 7 de janeiro de 1680 e é sucedido por seu irmão Ernst Augustus I. Entre 1680 e 1682 ocorre uma onda de perseguições aos protestantes na França e Luís XIV torna-se cada vez mais intolerante, até chegar à revogação do Édito de Nantes, em 18 de outubro de 1685; observa-se claramente também um expansionismo francês na Alsácia, com a tomada de Estrasburgo em 1681 e a reivindicação de direitos sobre mais dez cidades alsacianas. O Império é também ameaçado a oriente por uma revolta húngara e pelo avanço dos turcos, que a muito custo conseguem ser detidos depois do cerco de Viena, em 1683. Durante esse período Leibniz serve a seu príncipe e ao Império como um verdadeiro patriota alemão: sugere meios de incrementar a produção de linho, imagina métodos de dessalinizar a água do mar e principalmente envolve-se a fundo nas análises e debates políticos. Em 1683, escreve em latim e em francês um violento panfleto contra Luís XIV: *Mars christianissimus,* e em 1684 publica uma análise política da conjuntura denominada *Raisons Touchant la Guerre ou l'Accomodation avec la France.*

Nos primeiros anos de Hanôver, igualmente dá um outro rumo a suas já antigas especulações sobre o saber universal:

começa agora a propugnar pela criação de academias e consegue, como passo importante, fundar uma revista — *Acta Eruditorum* —, no modelo das *Transactions* da Royal Society londrina, que servirá para a divulgação de pesquisas originais sobre todos os ramos do saber, bem como para o debate intelectual; ele mesmo publicará muitos artigos e cartas nessa revista. Em 1684 publica um primeiro texto sistemático, que é uma introdução lógica a suas ideias: *Meditationes de Cognitione, Veritate et Ideis*; aproximamo-nos então do denominado *período sistemático* de suas obras. O texto acima citado é um pequeno panfleto de dez páginas, subdividido em seis parágrafos, cujos títulos merecem ser traduzidos:

i) *Ideias claras ou obscuras; distintas ou confusas; adequadas ou inadequadas; intuitivas ou simbólicas;*
ii) *Crítica da prova ontológica da existência de Deus, tal como Descartes a apresentou;*
iii) *Ideias verdadeiras e ideias falsas. Possibilidade. Definições nominais, reais e causais;*
iv) *Perigo da evidência. Valor da forma;*
v) *A visão em Deus;*
vi) *Conhecimento sensível.*

Nesse escrito, um resumo da sua teoria do conhecimento é claramente colocado: as coisas não são vistas em Deus, como quer Malebranche, mas, sim, existe uma analogia profunda entre as ideias de Deus e as do homem, há uma *identidade* entre a lógica de Deus e a do homem[9].

Em 1685 Leibniz é nomeado historiador da casa de Brunswick, e na mesma ocasião *conselheiro áulico* em razão do cargo. Seus deveres de historiador o farão paradoxalmente voltar aos estudos

[9] O leitor mais esperto em filosofia certamente já percebeu nesta última proposição uma primeira tintura da Ciência da Lógica de Hegel. (N. do A.)

lógicos, dada a reflexão que se impõe sobre o estatuto da verdade histórica; nesse contexto, ele volta a refletir sobre a Lógica Indutiva e a probabilidade dos fatos, e mais tarde formulará suas ideias de uma maneira bastante análoga ao que hoje denominamos *Cálculo de Predicados* na Lógica Matemática. Sua concepção de história é também muito mais ampla que a mera genealogia ou a crônica de um período bem delimitado, como era hábito então: ele pretende fazer entrar no escopo da história o devir da terra inteira e aponta para tanto o caminho da colaboração entre eruditos e da crítica documental, além de fortes pesquisas de campo e o apoio em materiais arqueológicos, postura esta talvez incentivada por seus anteriores estudos geológicos. O escopo principal de sua nomeação como historiador era provar que a casa de Brunswick possuía suas raízes na casa d'Este, uma família principesca da Lombardia, e que portanto o ducado de Hanôver poderia reivindicar um nono Eleitorado. A busca por documentação obriga Leibniz a viajar: em 1687 ele visita o sul da Alemanha e a Áustria, sendo recebido em Viena pelo Imperador; visitará igualmente o norte da Itália, a Lombardia e o Vêneto. Leibniz manterá o posto de historiador até o fim de sua vida, fazendo entrar em seus escritos históricos eventos geológicos, descrições de fósseis, descrições de monumentos e estudos linguísticos, tentando provar por estes últimos algo sobre as prováveis migrações dos povos; aborda por fim nesses estudos a evolução das ideias científicas, éticas e políticas, e os culmina com os fundamentos da *história sagrada*. Nesse seu projeto de história universal, Leibniz nunca perde de vista que tudo se relaciona e que não podemos separar por fronteiras estanques o estudo do devir do homem da evolução do ambiente natural em que ele vive. Muito embora não tenha tido sucesso na redação completa dessa imensa História Geral, seu ponto de vista historiográfico foi muito influente, pois soube combinar ideias velhas e novas numa proposta ousada, cuja factibilidade ao menos esboçou. Embora haja necessidade de mais estudos sobre esse aspecto de sua obra, parece que a proposição historiográfica de Leibniz teve um grande peso na renovação dos estudos históricos que se observa na Alemanha a partir do começo do século XIX.

Em 1686 Leibniz publica a primeira sistematização mais completa de suas ideias no seu *Discours de Métaphysique*, cuja tradução o leitor tem ora em mãos, escrito tendo em mente a conquista de Arnauld[10] aos seus pontos de vista, e a partir desse escrito começa a deixar clara a sua independência com relação aos cartesianos. No mesmo ano dá início à publicação de seus escritos sobre dinâmica por meio do pequeno artigo *Brevis demonstratio erroris memorabilis Cartesii et alliorum circa legem naturae*, em que introduz o conceito de *força viva* e prova que na dinâmica, além do *princípio da conservação do momento* estabelecido por Descartes, deve ser considerado igualmente aquilo que hoje denominamos o *princípio de conservação da energia*. A glória então começa a depositar seus louros na fronte de nosso filósofo, e o prestígio cobre o estadista, que é finalmente criado barão, melhorando com isso sua delicada posição financeira. As obras filosóficas sucedem-se a partir de então em ritmo bem dinâmico até a sua velhice: *De essentia corporis* (1691), na qual expõe sua dinâmica, *De rerum originatione* (1697), *De ipsa natura* (1698). Nessa última década do século XVII ele também se envolve profundamente com projetos de fundação de academias científicas para vários estados alemães, e seu primeiro sucesso nesse campo vem quando a filha de Ernst Augustus, Sophie Charlotte, sua grande amiga e admiradora, tornando-se a primeira rainha da Prússia, cria a Academia de Ciências de Berlin, em janeiro de 1701.

A ascensão do novo duque de Hanôver — Georg I — ao trono, em 1698, não é auspiciosa para Leibniz e para sua vida

---

[10] O próprio Leibniz lhe dedica um exemplar da obra, acompanhado de uma carta, da Itália, onde se encontrava por essa ocasião, a caminho de Veneza. A obra suscitará uma interessante correspondência entre ambos. (N. do A.)

de cortesão. Ele não é íntimo do novo duque, e seus problemas se iniciam: primeiro a saúde começa a declinar e a gota o atormenta; ele perde a seguir suas duas protetoras e amigas, com a morte de Sophie Charlotte em 1705 e de sua mãe, a princesa Sophie, em 1714; em 1711 a Royal Society de Londres inflige-lhe a humilhação e o desgosto de considerá-lo plagiário na questão da prioridade da invenção do Cálculo Infinitesimal. Quando Georg I herda o trono da Inglaterra e parte com sua Corte para Londres, Leibniz quer acompanhá-lo, mas o jovem rei recusa-se a aceitá-lo e ele então é despedido de suas funções áulicas. O filósofo, entretanto, sabe envelhecer e suporta a doença e a desgraça com dignidade. Em meio aos dissabores, não deixa de escrever, e são dessa época suas produções mais conhecidas: *Nouveax Essais de Métaphysique* (1703), *Principes de Philosophie ou Monadologie* (1714) e os *Essais de Théodicée* (1710). O clero o considera no final da vida como incréu, e essa fama corre pela boca do povo. No momento de sua morte, Leibniz impede que chamem um pastor para assisti-lo, e assim termina seus dias no isolamento e na impopularidade aquele que, no dizer de Kuno Fisher, *foi enterrado como um bandido e não como um ornamento da pátria,* o grande contendor de Descartes, o genial G. W. Leibniz...

Discurso de Metafísica

I.
Da perfeição divina e que Deus faz tudo da maneira mais desejável

A noção mais comum e mais significativa que temos de Deus exprime-se muito bem nos termos "Deus é um ser absolutamente perfeito", embora não atentemos muito nas consequências dessa definição; e, para aprofundá-la, convém notar que, na natureza, existem várias perfeições diferentes, que Deus as possui todas ao mesmo tempo e que cada uma lhe pertence no mais alto grau.

Também é preciso conhecer o que é a perfeição, e para isso é indicação suficientemente segura saber que as formas ou naturezas não suscetíveis de grau supremo, como a natureza do número ou da figura, por exemplo, não são perfeições. Pois o maior dos números (ou o número dos números), assim como a maior de todas as figuras, implica contradição. Já a maior ciência e o poder supremo não encerram impossibilidade alguma. Potência e ciência são, portanto, perfeições, e, porquanto pertencem a Deus, não têm limites.

De onde se segue que Deus, possuindo suprema e infinita sabedoria, age da maneira mais perfeita, não só metafísica mas moralmente falando, e que podemos dizer, quanto a nós, que, quanto mais conscientes e informados formos das obras de Deus, tanto mais seremos capazes de considerá-las excelentes e plenamente satisfatórias no tocante a tudo o que possamos desejar.

II.
Contra os que afirmam não haver bondade nas obras de Deus, ou que as regras da bondade e da beleza são arbitrárias

Afasto-me amplamente, portanto, da opinião dos que afirmam não haver regras de bondade e perfeição na natureza das coisas, ou nas ideias que Deus tem delas, e que as obras de Deus são boas só pela razão formal de que foi Deus quem as fez. Ora, se assim fosse, sabendo-se Deus seu autor, não haveria motivo algum para, depois de criá-las, olhar para elas e ver que são boas[1], como testemunha a Sagrada Escritura, que parece valer-se dessa figura antropológica tão só para nos mostrar que conhecemos a excelência dessas obras de olhar para elas, ainda que não reflitamos sobre a denominação puramente extrínseca que as refere a sua causa. E isso é tão mais certo quanto mais verdadeiro for que pelas obras conhecemos o autor. Pois é necessário que aquelas portem o caráter deste. Confesso que a opinião contrária me parece extremamente perigosa e demasiadamente próxima da dos últimos inovadores[2], que defendem que a beleza do universo e

---

[1] "E Deus viu todas as coisas que tinha feito, e eram muito boas" (Gênesis 1, 31). (N. do E.)

[2] Leibniz critica Spinoza (1632-1677). (N. do E.)

a bondade que atribuímos às obras de Deus não passam de quimeras dos homens, que concebem Deus à sua maneira. Do mesmo modo, dizer que as coisas não são boas por uma regra de bondade, mas só pela vontade de Deus, implica, a meu ver, destruir, inadvertidamente, toda a glória e o amor divinos. Pois, por que haveríamos de louvar a Deus pelo que fez, se ele fosse igualmente louvável tendo feito o contrário? E onde estará sua justiça e sabedoria, se não houver mais que um poder despótico, se a vontade preceder a razão e se, segundo a definição dos tiranos, o que agrada ao mais forte for por si só o justo? Parece, além disso, que todo ato de vontade supõe uma razão de querer, razão esta que, naturalmente, antecede a vontade. Eis também por que considero de todo estranha a expressão de certos outros filósofos[3] que dizem que as verdades eternas da metafísica e da geometria, e por conseguinte as regras da bondade, da justiça e da perfeição, não passam de efeitos da vontade de Deus. Tenho para mim que todas essas coisas são frutos do entendimento de Deus, que, seguramente, tanto como sua essência, independe de sua vontade.

[3] A censura, aqui, vai para Descartes (1596-1650). (N. do E.)

III.
Contra os que creem que Deus poderia ter feito melhor

Tampouco posso aprovar a opinião de alguns modernos que audaciosamente defendem que as coisas feitas por Deus não se encontram no grau mais alto de perfeição possível, e que ele as poderia ter feito muito melhores. As consequências dessa opinião são, a meu ver, totalmente contrárias à glória de Deus. *Uti minus malum habet rationem boni, ita minus bonum habit rationem mali*[4]. E é agir imperfeitamente agir com menos perfeição do que teria sido possível. É ver defeito na obra de um arquiteto dizer que ele a poderia ter executado melhor. E isso contraria a Sagrada Escritura, que nos assegura da bondade das obras de Deus. Pois, uma vez que as imperfeições podem descer ao infinito, qualquer que fosse o modo como Deus criou sua obra, ela sempre seria boa em comparação com outras menos perfeitas — ou boa o suficiente. Nada, porém, é verdadeiramente louvável se é bom somente nessa medida. Creio ainda que encontraremos uma infinidade de passagens nos escritos divinos e dos santos Padres favoráveis a minha opinião, e dificilmente uma só a favor da professada por esses modernos, que, até onde sei, é desconhecida de toda

[4] Em latim: "Assim como um mal menor é, de certa forma, um bem, um bem menor é, de certa forma, um mal". (N. do E.)

a Antiguidade e só encontra base no ínfimo conhecimento que temos da harmonia geral do universo e das razões ocultas da conduta divina, o que nos leva a crer, temerariamente, que muito do que foi feito poderia ser melhor. Além do mais, insistem esses modernos em certas sutilezas muito pouco sólidas, pois imaginam que coisa alguma pode ser tão perfeita que não admita nada mais perfeito ainda, o que é um erro.

Pretendem com isso resguardar a liberdade de Deus, como se não fora esta a liberdade suprema de agir perfeitamente segundo a razão soberana. Pois, de fato, supor que Deus intervenha no que quer que seja sem razão alguma para a sua vontade, além de parecer uma ação totalmente impossível, é opinião pouco compatível com a glória de Deus. Suponhamos, por exemplo, que, entre A e B, Deus escolhesse A, sem razão alguma para preferi-lo a B. Digo que essa ação de Deus seria pelo menos indigna de louvor, pois todo louvor deve ser fundado em alguma razão — precisamente o que *ex hypothesi* não se encontra aqui. Prefiro afirmar que Deus não faz nada que não seja digno de glorificá-lo.

IV.
Que o amor de Deus demanda plena satisfação e aquiescência perante tudo o que Deus faz, sem que por isso devamos ser quietista[5]

O conhecimento geral desta grande verdade que é Deus agir sempre da maneira mais perfeita e mais desejável possível é, a meu ver, o fundamento do amor que devemos a Deus sobre todas as coisas, pois quem ama procura a satisfação na felicidade ou na perfeição do objeto amado e de suas ações. *Idem velle et idem nolle vera amicitia est*[6]. E creio que é difícil amar verdadeiramente a Deus se não estamos dispostos a querer o que ele quer, ainda que tivéssemos o poder de mudá-lo. Com efeito, os que não se satisfazem com as obras de Deus parecem-me semelhantes àqueles indivíduos incrédulos cuja disposição não difere muito da dos rebeldes.

Afirmo, pois, que, segundo esses princípios, para corresponder ao amor de Deus não basta que tenhamos paciência forçosa, mas é necessário que verdadeiramente nos contentemos

---

[5] Quietismo: doutrina mística cujo maior expoente foi o teólogo espanhol Miguel de Molinos (1628-1696). Pregava o abandono da vontade, a pura contemplação e a suspensão de quaisquer manifestações externas de culto à divindade (oração, penitência, etc.). Bastante em voga ao tempo em que Leibniz escreveu seu *Discurso*, a prática seria mais tarde condenada pela Igreja. (N. do E.)

[6] Em latim: "Querer e não querer as mesmas coisas é o fundamento da verdadeira amizade". (N. do E.)

com tudo o que nos suceda segundo a sua vontade. Entendo essa aquiescência, porém, como atitude em relação ao passado, pois, quanto ao futuro, não é preciso ser quietista nem esperar ridiculamente, de braços cruzados, pelo que Deus fará, como no sofisma que os antigos chamavam *logon aergon*, ou razão preguiçosa. Antes, é preciso agir em conformidade com a vontade presuntiva de Deus, na medida em que a possamos julgar, procurando, com toda a nossa força, contribuir para o bem comum e, particularmente, para o aprimoramento e a perfeição de tudo o que nos toca, nos cerca e, por assim dizer, põe-se ao alcance de nossas mãos. Assim, se um acontecimento nos mostra não ser o desejo de Deus que nossa boa vontade consiga seu intento, não se segue daí que Deus não queria que fizéssemos o que fizemos. Pelo contrário, pois, se Deus é o melhor dos patrões, não há de exigir mais que intenção sincera, reservando para si o conhecimento da hora e do lugar adequados para fazer cumprir os bons desígnios.

V.
Em que consistem as regras de perfeição da conduta divina e como a simplicidade das vias se equilibra com a riqueza dos efeitos

Basta, portanto, ter esta confiança em Deus: que ele tudo faz para melhor, e nada faria de mau aos que o amam. Conhecer, no entanto, as razões específicas que o levaram a escolher esta ordem do universo, a tolerar os pecados e a dispensar suas graças salutares de determinada maneira está além das forças de um espírito finito, sobretudo quando ainda não alcançou o gozo da visão de Deus.

Entretanto, podemos fazer algumas observações gerais sobre a conduta da Providência no governo das coisas. Podemos dizer que aquele que age de maneira perfeita se assemelha a um excelente geômetra, capaz de encontrar a melhor construção de um problema; a um bom arquiteto, que emprega da forma mais vantajosa o terreno e os fundos destinados a um edifício, nada deixando de defeituoso ou que o prive da máxima beleza de que é suscetível; a um bom pai de família, que emprega sua propriedade de modo que não se torne improdutiva ou estéril; a um hábil inventor, cuja máquina obtém seu efeito pela via menos complicada que possa ser escolhida; ou a um exímio autor, que reúne o maior número de realidades no menor volume possível. Ora, os mais perfeitos de todos os seres, os que ocupam o menor volume, isto é, os que menos estorvam, são os espíritos, cujas perfeições são as virtudes. Eis por que não devemos duvidar de que a felicidade dos espíritos é a principal finalidade de Deus, e de que ele a realiza na medida em que a harmonia geral o permite. Disso, entretanto, falaremos um pouco mais em breve.

Quanto à simplicidade das vias escolhidas por Deus, pertence propriamente à esfera dos meios, assim como, pelo contrário, a variedade, a riqueza ou a abundância pertence à esfera dos fins ou efeitos. E é preciso haver um equilíbrio entre ambas, do mesmo modo que os gastos com a construção de um edifício devem corresponder à grandeza e à beleza que esperamos dele. É verdade que nada custa nada para Deus, menos ainda que para um filósofo que formula hipóteses para a fábrica de seu mundo imaginário, pois Deus só precisa decretar para fazer surgir um mundo real. Em matéria de sabedoria, porém, os decretos ou hipóteses tanto mais se assemelham a gastos quanto mais são independentes uns dos outros: pois quer a razão que seja evitada a multiplicidade de hipóteses ou princípios, mais ou menos como, em astronomia, o sistema mais simples tem sempre preferência.

VI.
Que Deus não faz nada fora de ordem nem sequer é possível imaginar acontecimentos que não sejam regulares

As vontades ou ações de Deus dividem-se geralmente em ordinárias e extraordinárias. Mas é bom considerar que Deus não faz nada fora de ordem, e, assim, o que temos por extraordinário o é somente perante uma ordem particular estabelecida pelas criaturas. Quanto à ordem universal, tudo lhe é conforme. E isso é tão verdadeiro que não só não sucede de uma coisa absolutamente irregular vir ao mundo, mas também nem sequer é possível imaginar algo assim. Suponhamos, por exemplo, que alguém marcasse um papel com uma quantidade de pontos lançados ao acaso, como o fazem os praticantes da ridícula arte da geomancia. Digo que é possível encontrar uma linha geométrica cuja noção seja constante e uniforme segundo determinada regra e que passe por todos os pontos marcados na mesma ordem seguida pela mão que os marcou.

E, se alguém traçasse uma linha contínua que fosse ora reta, ora curva, ora de outra feição qualquer, também seria possível encontrar uma noção, uma regra ou uma equação comum a todos os pontos dessa linha, em virtude da qual essas mudanças deveriam ocorrer. Não há, por exemplo, um só rosto cujo contorno não faça parte de uma linha geométrica e não possa ser desenhado de um só traço mediante certo movimento regular.

Quando, porém, uma regra é demasiadamente complexa, passa por irregular o que lhe é conforme.

Podemos dizer, assim, que o mundo, qualquer que fosse o modo como Deus o criasse, seria sempre regular e conforme a certa ordem geral. Mas Deus também quis fazê-lo o mais perfeito, isto é, um mundo que fosse, ao mesmo tempo, o mais simples em hipóteses e o mais rico em fenômenos, tal como, por exemplo, o seria uma linha geométrica de fácil construção, mas cujas propriedades e efeitos fossem amplamente admiráveis e de grande extensão. Sirvo-me dessas comparações para esboçar uma representação, ainda que imperfeita, da sabedoria divina e indicar ao menos o que possa elevar nosso espírito a imaginar de algum modo o que não saberia exprimir muito bem. Mas certamente não pretendo com isso explicar o grande mistério de que todo o universo depende.

VII.
Que os milagres são conformes à ordem geral, ainda que contrariem as máximas subalternas, e do que Deus quer ou permite por vontade geral ou particular

Ora, se nada pode ser feito senão dentro da ordem, podemos dizer que os milagres estão tão dentro da ordem como as operações naturais, assim chamadas por serem conformes a certas máximas subalternas que denominamos a natureza das coisas. Pois podemos dizer que essa natureza não passa de um costume de Deus, que dele pode abrir mão por uma razão mais forte que a que o moveu a se servir dessas máximas.

Quanto às vontades gerais ou particulares, podemos dizer, conforme tomemos o assunto, que Deus faz tudo segundo sua vontade mais geral, isto é, em conformidade com a ordem mais perfeita, que é a que escolheu; mas podemos dizer também que Deus tem vontades particulares, que se excetuam às máximas subalternas referidas acima, já que a mais geral de suas leis, a que regula o universo, não admite exceção.

Podemos dizer ainda que Deus quer tudo o que é objeto de sua vontade particular. Já quanto aos objetos de sua vontade geral, como as ações das outras criaturas, particularmente das racionais, com quem Deus deseja cooperar, é preciso fazer uma distinção. Quando a ação é em si mesma boa, podemos dizer, de fato, que Deus a quer e, às vezes, até a ordena, mesmo que tal ação não tenha sucesso. Mas se a ação em si mesma é má, e só pode ser boa por acidente — porque a consequência das coisas e, particularmente, o castigo e a reparação lhe corrigem a malignidade e recompensam o mal com juros, de modo que, enfim, se encontre mais perfeição no sucedido do que se todo o mal não tivesse ocorrido —, então é preciso dizer que Deus a permite, mas não a quer, embora concorra para seu sucesso em razão das leis naturais que estabeleceu, e por, daí, saber extrair um bem maior.

VIII.
Para distinguir as ações de Deus e das criaturas, explicamos em que consiste a noção de substância individual

É muito difícil distinguir as ações de Deus e das criaturas. Enquanto alguns creem que Deus faz tudo, outros imaginam que ele simplesmente conserva a força que deu às criaturas. O que se segue mostrará como podemos afirmar uma e outra coisa. Uma vez, porém, que as ações e paixões pertencem propriamente às substâncias individuais (*actiones sunt suppositorum*[7]), é preciso explicar o que é uma tal substância.

É bem verdade que, quando muitos predicados são atribuídos a um mesmo sujeito, e esse sujeito não se atribui a nenhum outro, então ele é chamado substância individual; mas somente isso não basta, pois tal explicação é meramente nominal. É preciso considerar o que é, na realidade, ser atributo de um sujeito.

Ora, consta que toda predicação verdadeira tem algum fundamento na natureza das coisas, e, quando uma proposição não é idêntica, isto é, quando o predicado não está expressamente contido no sujeito, é preciso que o esteja virtualmente. É o que os filósofos[8] denominam *in-esse*, dizendo que o predicado está no sujeito. É preciso, pois, que o termo do sujeito contenha

---

[7] Em latim: "As ações são do suposto (sujeito)". *Suppositum* ou *subjectum* é o nome que os escolásticos davam à substância individual completa. (N. do E.)

[8] Leibniz se refere aos escolásticos. (N. do E.)

sempre o do predicado, de modo que quem entender a noção do sujeito concluirá também que o predicado lhe pertence.

Sendo assim, podemos dizer que a natureza de uma substância individual ou de um ser completo é ter uma noção tão completa que seja suficiente para compreender cada um e permitir a dedução de todos os predicados do sujeito a que essa noção é atribuída. Já o acidente é um ser cuja noção não compreende tudo o que é atribuído ao sujeito a que essa noção é atribuída. Assim, abstraída do sujeito, a qualidade de rei pertencente a Alexandre Magno não determina suficientemente o indivíduo, não abarca as outras qualidades do mesmo sujeito nem compreende tudo o que a noção desse príncipe encerra. Deus, porém, que vê a noção individual ou a hecceidade[9] de Alexandre, vê nela ao mesmo tempo o fundamento e a razão de todos os predicados que se podem dizer verdadeiramente pertencentes a ele, como, por exemplo, que vencerá Dario e Poro. Deus sabe até, *a priori* (e não por experiência), se ele morrerá de morte natural ou por envenenamento, o que só podemos saber pela história. Do mesmo modo, se bem consideramos a conexão das coisas, podemos dizer que na alma de Alexandre sempre existirão vestígios de tudo o que lhe sucedeu, marcas de tudo o que lhe sucederá e até indícios de tudo o que se passa no universo, embora só a Deus pertença reconhecê-los todos.

---

[9] Hecceidade: termo forjado por Duns Scot (1265-1308) para designar o princípio que faz que um indivíduo seja ele próprio e não outro. (N. do E.)

IX.
Que cada substância individual exprime o universo todo a seu modo, e que sua noção já encerra tudo o que lhe acontecerá, as circunstâncias desses acontecimentos e a sucessão das coisas externas

Seguem-se daí vários paradoxos consideráveis, como, entre outros, que não é verdade que duas substâncias se assemelhem inteiramente e difiram *solo numero*[10]; que o que Santo Tomás afirma neste ponto sobre os anjos ou inteligências (*quod ibi omne individuum sit species infima*[11]) é verdade para todas as substâncias, desde que consideremos a diferença específica[12], como o fazem os geômetras em relação a suas figuras; *item*, que uma substância só pode nascer por criação e perecer por aniquilação; e que não dividimos uma substância em duas nem fazemos de duas substâncias uma; e que, portanto, as substâncias não aumentam nem diminuem em número, embora frequentemente se transformem.

Mais, toda substância é como um mundo inteiro e como um espelho de Deus, ou melhor, do universo, que cada uma exprime a seu modo, mais ou menos como uma cidade é representada diversamente segundo as diferentes posições de quem a vê. Assim, o universo é, de algum modo, multiplicado

---

10 Em latim: "só pelo número". (N. do E.)

11 Em latim: "nesse caso cada indivíduo é uma espécie em particular". Leibniz evoca o princípio da identidade dos indiscerníveis, que exclui a existência na natureza de duas coisas absolutamente iguais. (N. do E.)

12 Quer dizer, a diferença de espécie, não de número. (N. do E.)

por quantas substâncias há nele, e a glória de Deus, igualmente, é multiplicada pelo total de representações diferentes de sua obra. Podemos dizer até que, de certo modo, toda substância traz consigo o caráter da infinita sabedoria e onipotência de Deus, e que o imita tanto quanto possível, pois que exprime, ainda que indistintamente, tudo o que se passa no universo — passado, presente e futuro —, o que, de algum modo, se assemelha a uma percepção ou conhecimento infinito. E como, por sua vez, todas as outras substâncias a ela se referem e se acomodam, podemos dizer também que esta, imitando a onipotência do Criador, estende seu poder sobre todas as outras.

X.
Que a crença nas formas substanciais tem algo de sólido, embora essas formas nada alterem nos fenômenos nem devam ser usadas para explicar os efeitos particulares

Parece que tanto os antigos como muitas pessoas sagazes, acostumadas a meditações profundas, algumas recomendáveis pela santidade, que ensinaram filosofia e teologia há alguns séculos, tiveram algum conhecimento do que acabamos de dizer. Por isso introduziram e defenderam as formas substanciais, hoje tão desacreditadas. Não estão, porém, tão longe da verdade nem são tão ridículas como imagina o vulgo de nossos novos filósofos.

Concordo que a consideração dessas formas de nada serve para as minúcias da física nem pode ser empregada na explicação de fenômenos particulares. Eis a falta em que incorreram nossos escolásticos, e com eles os médicos do passado, que pretenderam explicar as propriedades dos corpos recorrendo às formas e qualidades, sem se dar ao trabalho de examinar o modo como os corpos operam, como se lhes bastasse dizer que um relógio tem a qualidade horologial proveniente de sua forma sem considerar em que consiste essa qualidade — o que, com efeito, talvez bastasse para um comprador, desde que entregasse seu cuidado a outrem.

Mas essa falta ou esse mau uso das formas não nos deve fazer rejeitar uma coisa cujo conhecimento é tão necessário em metafísica que, sem ele, tenho para mim que não seria possível conhecer convenientemente os primeiros princípios nem elevar suficientemente o espírito para o conhecimento das naturezas incorpóreas e das maravilhas de Deus.

No entanto, assim como um geômetra não tem necessidade de embaraçar o espírito com o famoso labirinto da composição do contínuo[13], e nenhum filósofo moral, e muito menos jurisconsulto ou político, tem necessidade de ocupar-se das grandes dificuldades envolvidas na conciliação do livre-arbítrio com a providência divina — pois que o geômetra pode proceder a todas as suas demonstrações e o político a todas as suas deliberações sem entrar nessas discussões, que não deixam de ser importantes em filosofia e teologia —, assim também um físico pode explicar suas experiências servindo-se apenas das experiências mais simples já feitas, sejam elas demonstrações geométricas ou mecânicas, sem precisar recorrer a considerações gerais pertencentes a outra esfera. Se ele, porém, se serve do concurso de Deus, de outra alma, arqué[14] ou qualquer outra coisa dessa natureza, divaga tanto quanto aquele que, diante de uma importante decisão de ordem prática, queira entrar na consideração dos grandes raciocínios sobre a natureza do destino e de nossa liberdade; falta esta que, com efeito, sem meditar, os homens cometem frequentemente, como quando embaraçam o espírito com considerações sobre a fatalidade, desviando-se às vezes de uma boa resolução ou de um cuidado necessário.

---

[13] Referência à discussão filosófico-matemática em torno do problema do contínuo, ou a questão da divisibilidade ao infinito. (N. do E.)

[14] Arqué: princípio, fonte ou causa original. (N. do E.)

XI.
Que as meditações dos teólogos e filósofos ditos escolásticos não são de desprezar totalmente

Sei que suscito um grande paradoxo ao pretender, de algum modo, reabilitar a antiga filosofia e reclamar poslimínio[15] às quase banidas formas substanciais. Mas não me condenarão talvez muito depressa os que souberem que muito meditei na filosofia moderna, que me dediquei longamente às experiências da física e às demonstrações da geometria e que, por muito tempo, estive convencido da insignificância desses entes, que, enfim, involuntária e forçosamente, fui obrigado a recuperar, depois de reconhecer por meus próprios estudos que nossos modernos não rendem a devida justiça a Santo Tomás e a outros grandes homens daquele tempo, e que há nas opiniões dos filósofos e teólogos escolásticos mais solidez que se imagina, desde que nos sirvamos delas a propósito e em seu devido lugar. Estou mesmo persuadido de que um espírito exato e meditativo que se dispusesse a esclarecer e digerir, à moda dos geômetras analíticos, os pensamentos deles, aí encontraria um precioso tesouro de verdades importantíssimas e absolutamente demonstrativas.

[15] Poslimínio: restituição dos direitos. (N. do E.)

XII. Que as noções que consistem na extensão encerram alguma coisa de imaginário e não poderiam constituir a substância dos corpos

Mas, para recuperar o fio de nossas considerações, entendo que quem meditar sobre a natureza da substância, de que tratei acima, descobrirá que a natureza do corpo não consiste tão somente na extensão, isto é, no tamanho, na figura e no movimento, mas que, necessariamente, devemos reconhecer nela alguma coisa correlativa às almas — que é o que comumente chamamos forma substancial —, embora isso em nada altere os fenômenos, a exemplo da alma dos animais, se é que eles a têm. Podemos até demonstrar que as noções de grandeza, figura e movimento não são tão distintas quanto parecem, e encerram alguma coisa de imaginário e relativo a nossas percepções, como ocorre (se bem que em medida maior) com a cor, o calor e outras qualidades semelhantes, de cuja natureza podemos duvidar se está verdadeiramente nas coisas fora de nós. Por isso, qualidades como essas não poderiam constituir substância alguma. E, se não existir nenhum outro princípio de identidade nos corpos, senão o da extensão, nenhum corpo se sustentará mais que um momento.

Entretanto, as almas e formas substanciais dos outros corpos são bem diferentes das almas inteligentes, as únicas que conhecem as próprias ações, e que, não só jamais perecem naturalmente, como conservam para sempre o fundamento do conhecimento do que são, o que faz delas as únicas suscetíveis de castigo e recompensa e cidadãs da república do universo, cujo monarca é Deus. Segue-se daí também que todas as demais criaturas as devem servir, assunto de que trataremos mais amplamente adiante.

XIII.
Já que a noção individual de cada pessoa encerra de uma vez por todas tudo o que lhe acontecerá, nela também se veem as provas *a priori* da verdade de cada acontecimento, ou a razão pela qual aconteceu um e não outro, mas essas verdades, embora certas, não deixam de ser contingentes, estando fundadas no livre-arbítrio de Deus ou das criaturas, cuja escolha tem sempre razões que inclinam sem obrigar

Antes de seguir adiante, porém, é preciso tentar resolver uma grande dificuldade que pode nascer dos fundamentos expostos acima. Dissemos que a noção de uma substância individual encerra de uma vez por todas tudo o que lhe pode acontecer, e que, considerando essa noção, podemos ver nela tudo o que sobre ela poderia ser enunciado, tal como da natureza do círculo podem ser deduzidas todas as suas propriedades. Parece, no entanto, que, com isso, a diferença entre as verdades necessárias e contingentes se anularia, a liberdade humana não teria lugar e uma fatalidade absoluta reinaria sobre todas as nossas ações, assim como sobre o resto dos acontecimentos do mundo. A isso respondo que é preciso fazer uma distinção entre o que é certo e o que é necessário: todos concordam que os futuros contingentes são certos, porque Deus os prevê, sem, no entanto, com isso assentir que sejam necessários. Porém (dirão), uma conclusão que, infalivelmente, possa ser deduzida de uma definição ou noção há de ser uma conclusão necessária. Ora, se sustentamos que tudo o que deve acontecer a uma pessoa está virtualmente compreendido em sua natureza ou noção, como as propriedades do círculo estão compreendidas em sua definição, a dificuldade ainda persiste. Para resolvê-la solidamente, digo que existem duas espécies de conexão ou consecução: uma, cujo contrário implica contradição, que é absolutamente necessária — é a dedução que tem lugar nas verdades eternas, como as da geometria; e outra, que só é necessária *ex hypothesi* e, por assim dizer, por acidente, e é contingente em si mesma, se dá quando o contrário não implica contradição. Essa conexão está fundada não só nas ideias absolutamente puras e no simples entendimento de Deus, mas também em seus decretos livres e na sucessão do universo.

Tomemos um exemplo: se Júlio César se fizer ditador perpétuo e senhor da república, suprimindo a liberdade aos romanos, essa ação há de estar compreendida na noção de César, pois supomos ser a natureza de uma noção perfeita de sujeito a de tudo compreender, a fim de que o predicado esteja nele contido, *ut possit inesse subjecto*[16]. Objetarão, talvez, que essa noção ou ideia não poderia ser a causa de César cometer tal ato, uma vez que este só lhe convém porque Deus sabe tudo. Insistirão, porém, em que a natureza ou a forma de César corresponde a essa noção, e uma vez que Deus lhe impôs tal personagem, ele, doravante, terá de desempenhar seu papel. Eu poderia responder apelando aos futuros contingentes, pois estes ainda não são reais, senão no entendimento e na vontade de Deus, e, uma vez que Deus lhes deu de antemão essa forma, é preciso que de algum modo lhe correspondam.

Prefiro, porém, resolver as dificuldades em vez de justificá-las com o recurso a dificuldades semelhantes, e o que direi servirá para esclarecer tanto uma como outra. É, pois, o momento de aplicar a distinção entre as duas espécies de conexão, e afirmo que o que acontece em conformidade com essas antecipações[17] é certo, mas não necessário, e, se acaso alguém fizesse o contrário, não faria nada em si mesmo impossível, embora

---

[16] Em latim: "para que possa ser inerente ao sujeito". (N. do E.)

[17] "...essas antecipações": ou seja, as características impostas por Deus, como a natureza ou a forma de César. (N. do E.)

seja impossível (*ex hypothesi*) que isso aconteça. Pois, se houvesse um homem capaz de proceder a toda a demonstração pela qual poderia ser provada a conexão existente entre o sujeito que é César e o predicado que é sua campanha vitoriosa, tal homem efetivamente seria capaz de mostrar que a futura ditadura de César teria fundamento na própria noção ou natureza de César, na qual também se encontraria a razão pela qual ele decidiu avançar, e não se deter, diante do Rubicão, e pela qual ganhou, em vez de perder, a batalha de Farsália; e que, desde sempre, seria razoável, e por conseguinte certo, que isso aconteceria, embora em si mesmo não fosse necessário nem o contrário implicasse contradição. Mais ou menos como é razoável e certo que Deus fará sempre o melhor, embora o menos perfeito não implique contradição.

O que teríamos é que a demonstração desse predicado de César não é tão absoluta quanto a dos números ou da geometria, mas supõe a sucessão das coisas livremente escolhidas por Deus e está fundada no primeiro decreto livre de Deus, que manda fazer sempre o mais perfeito, e no decreto divino (subsequente ao primeiro) que dispõe sobre a natureza humana, segundo o qual o homem fará sempre (embora livremente) o que parecer melhor. Ora, toda verdade fundada em decretos dessa espécie, apesar de certa, é contingente, pois esses decretos não mudam a possibilidade das coisas, e, como já disse, ainda que Deus certamente escolha sempre o melhor, isso não impede o menos perfeito de ser e permanecer em si mesmo possível, embora não aconteça, pois não é sua impossibilidade, mas sua imperfeição, que o repele. Ora, nada é necessário quando o oposto é possível.

Estaremos, assim, prontos para resolver dificuldades dessa espécie, por maiores que pareçam (e, com efeito, elas não são menos importantes para todos os que já trataram desta matéria), contanto que consideremos atentamente que todas as proposições contingentes têm razões para serem como são, e não de outra maneira, ou (o que é a mesma coisa) que tais proposições contêm provas *a priori* de sua verdade, as quais as tornam certas e mostram que a conexão entre seus sujeitos e predicados se funda na natureza de uns e de outros. Essas proposições, porém, não dão demonstração alguma de necessidade, pois que suas razões se fundam unicamente no princípio da contingência ou da existência das coisas, isto é, no que é ou parece melhor entre várias coisas igualmente possíveis. As verdades necessárias são, pelo contrário, fundadas no princípio da contradição e na possibilidade ou impossibilidade das próprias essências, sem nenhuma relação com a vontade livre de Deus nem das criaturas.

XIV.

Deus produz substâncias diversas segundo as diferentes perspectivas que tem do universo, e, por intervenção de Deus, cada substância é de natureza tal que o que acontece a uma tem correspondência com o que acontece a todas as demais, sem que no entanto isto implique que umas ajam imediatamente sobre as outras

Conhecido de algum modo em que consiste a natureza das substâncias, é preciso explicar a dependência que umas têm das outras, e suas ações e paixões. Ora, em primeiro lugar, é bem claro que as substâncias criadas dependem de Deus, que não só as conserva como também as produz continuamente por uma espécie de emanação, como nós produzimos nossos pensamentos. Pois Deus, revolvendo, por assim dizer, por todos os lados e de todos os modos, o sistema geral dos fenômenos que julga bom produzir para manifestar Sua glória, e observando todas as faces do mundo de todas as maneiras possíveis, uma vez que não há relação que escape a Sua onisciência, a cada vista que obtém do universo, como se observado de um lugar diferente, dá origem a uma substância que exprime o universo segundo esse ponto de vista, bastando para isso que considere bom efetuar seu pensamento e produzir tal substância. E, como a visão de Deus é sempre verdadeira, nossas percepções também o são, embora nossos juízos, que são nossos, nos enganem.

Ora, como dissemos acima, e é o que se segue do que acabamos de dizer, cada substância é como um mundo à parte, e não depende de nenhuma outra coisa, senão de Deus. Assim, todos os nossos fenômenos, ou seja, todas as coisas que, em qualquer tempo, nos possam acontecer, não são mais que consequências do nosso ser. E, dado que esses fenômenos guardam certa ordem em conformidade com nossa natureza, ou, por assim dizer, com o mundo que existe em nós — o que faz que possamos fazer observações úteis para regular nossa conduta, justificadas pelo sucesso dos fenômenos futuros, de modo que possamos julgar frequentemente o futuro pelo passado sem nos enganarmos —, só isso bastaria para os considerarmos verdadeiros sem nos preocuparmos se estão fora de nós e se as outras pessoas também os percebem. É bem verdade, porém, que as percepções ou expressões de todas as substâncias se correspondem, de modo que qualquer indivíduo, seguindo atentamente certas razões ou leis semelhantes às observadas por outro, chega igualmente aonde este chegou, como indivíduos que, tendo combinado encontrar-se em determinado lugar, efetivamente o fazem, se quiserem. Mas, por mais que todas as substâncias exprimam os mesmos fenômenos, nem por isso suas expressões hão de ser perfeitamente semelhantes; basta que sejam proporcionais, como entre espectadores que julgam ver a mesma coisa, e com efeito se entendem entre si, embora cada um veja e fale conforme a medida de sua própria visão.

Ora, só Deus (de quem todos os indivíduos emanam continuamente, e que vê o universo não só como eles o veem, mas também de maneira totalmente diversa) pode ser a causa dessa correspondência entre os fenômenos e fazer que o que é particular de cada um seja comum a todos. De outro modo, não haveria vínculo possível. Poderíamos dizer, ainda, de modo geral, e em sentido próprio, embora um pouco afastado do uso corrente, que uma substância particular nunca age sobre outra substância particular nem padece sua ação, se consideramos que tudo o que acontece a cada uma é simples consequência de sua ideia ou noção completa, pois essa ideia já encerra em si todos os predicados ou acontecimentos e exprime o universo inteiro. De fato, nada nos pode acontecer, senão pensamentos e percepções, e todos os nossos pensamentos e as nossas percepções futuras são simples consequências, ainda que contingentes, de nossos pensamentos e nossas percepções precedentes, de modo que, se eu fosse capaz de considerar distintamente tudo o que me acontece ou aparece neste momento, poderia ver tudo o que me acontecerá ou aparecerá em qualquer tempo, ou seja, o que não faltaria e me aconteceria, mesmo que tudo ao redor de mim fosse destruído, desde que restássemos Deus e eu. Como, porém, nós atribuímos a outras coisas o que de certo modo percebemos como causas que agem sobre nós, é preciso examinar o fundamento desse juízo e o que há de verdadeiro nele.

XV.
Que a ação de uma substância finita sobre outra consiste tão somente no aumento do grau de sua expressão acompanhado da diminuição do grau de expressão da outra, porquanto Deus as obriga a acomodarem-se entre si

Mas, sem entrar em uma longa discussão, e a fim de conciliar a linguagem metafísica com a prática, basta por ora notar que nós nos atribuímos principalmente, e com razão, os fenômenos que exprimimos mais perfeitamente; e atribuímos às outras substâncias o que cada uma exprime melhor. Assim, uma substância que tem extensão infinita, porque exprime tudo, torna-se limitada por seu modo mais ou menos perfeito de se exprimir. É nesse sentido que podemos imaginar que as substâncias impedem ou limitam umas às outras, e que, consequentemente, podemos dizer que umas agem sobre as outras e todas são, por assim dizer, obrigadas a se acomodarem entre si. Pois pode acontecer que uma mudança que aumente a expressão de uma diminua a expressão de outra. Ora, a virtude de uma substância particular é bem exprimir a glória de Deus, e é aí que ela é menos limitada. E todas as coisas, quando exercem sua virtude ou potência — quer dizer, quando agem —, mudam para melhor e se estendem na ação. Assim, quando acontece uma mudança que tem implicação sobre muitas substâncias (uma vez que, com efeito, qualquer mudança toca a todas elas), creio que possamos dizer que, com isso, aquela que imediatamente passa a um grau superior de perfeição, ou a uma expressão mais perfeita, exerce sua potência e age; e aquela que passa a um grau inferior acusa sua fraqueza e padece. Julgo, pois, que toda ação de uma substância dotada de percepção implica algum prazer, e toda paixão, alguma dor; e assim também vice-versa, pois pode muito bem acontecer de uma vantagem presente ser destruída por um mal maior no futuro. E é daí que se segue que podemos pecar ao agir — quer dizer, ao exercer nossa potência — e ao encontrar prazer.

XVI.
Que a intervenção extraordinária de Deus está compreendida no que nossa essência exprime, pois essa expressão se estende a tudo, mas ultrapassa as forças de nossa natureza ou expressão distinta, que é finita e segue certas máximas subalternas

Só resta agora explicar como é possível que Deus às vezes aplique sua influência sobre os homens ou outras substâncias por concurso extraordinário e milagroso, já que parece que nada lhes pode acontecer de extraordinário ou sobrenatural, visto que tudo o que lhes acontece é consequência de sua própria natureza. É preciso, no entanto, lembrar o que dissemos acima acerca dos milagres no universo, ou seja, que estão sempre em conformidade com a lei universal da ordem geral, embora estejam acima das máximas subalternas. E, na medida em que cada pessoa ou substância é um mundo menor que exprime o maior, podemos propriamente dizer que essa ação extraordinária de Deus sobre a substância, mesmo estando compreendida na ordem geral do universo — enquanto expressa pela essência ou noção individual dessa substância —, não deixa de ser milagrosa. Isso porque, se, por um lado, compreendemos tudo o que se exprime em nossa natureza, por outro, nela não há nada de sobrenatural, uma vez que compreende tudo: pois um efeito sempre exprime sua causa, e a verdadeira causa das substâncias é Deus. Como, porém, nossa natureza exprime mais perfeitamente o que lhe é mais particular — pois nisso consiste sua potência, que é limitada, como acabei de explicar —, existem muitas coisas que ultrapassam suas forças, assim como as forças de todas as naturezas limitadas. Por conseguinte, para falar mais claro, afirmo que os milagres e as intervenções extraordinárias de Deus têm a propriedade de não poderem ser previstos pelo raciocínio de nenhum espírito criado, por mais esclarecido que seja, pois a compreensão distinta da ordem geral está além de seu alcance; e tudo o que chamamos natural depende das máximas menos gerais que as criaturas podem compreender. A fim, pois, de tornar as palavras tão irrepreensíveis quanto seu sentido, seria conveniente ligar certos modos de falar a certos pensamentos. Poderíamos chamar de nossa "essência" ou "ideia" aquilo que compreende tudo o que exprimimos, e que não tem limites nem pode ser ultrapassado por nada, porque exprime nossa própria união com Deus. Já o que é limitado em nós poderia ser chamado de nossa "natureza" ou "potência" e, nesse sentido, tudo o que supera as naturezas de todas as substâncias criadas é sobrenatural.

XVII.
Exemplo de uma máxima subalterna ou lei da natureza, em que demonstramos, contra os cartesianos e vários outros, que Deus conserva sempre a mesma força, mas não a mesma quantidade de movimento

Já mencionei várias vezes as máximas subalternas ou leis da natureza, e me parece que seria bom oferecer um exemplo delas. Frequentemente os nossos novos filósofos servem-se da famosa regra segundo a qual Deus conserva sempre a mesma quantidade de movimento no mundo. Com efeito, tal regra é muito plausível e, no passado, também eu a considerava indubitável. Depois, porém, reconheci em que consistia o erro. É que o sr. Descartes e outros hábeis matemáticos acreditaram que a quantidade de movimento, isto é, a velocidade multiplicada pela grandeza[18] do móvel, coincide inteiramente com a força motriz, ou, geometricamente falando, que as forças estão na razão composta das velocidades e dos corpos. Ora, é razoável que a força se conserve sempre a mesma no universo. Pois, quando observamos os fenômenos, vemos claramente que o movimento mecânico perpétuo é impossível, uma vez que, do contrário, a força de uma máquina, que diminui pouco a pouco, por causa do atrito, até esgotar-se por completo, se restabeleceria e, consequentemente, aumentaria por si própria, sem nenhum novo impulso de fora; e observamos igualmente que a força de um corpo só diminui na medida em que esse

[18] Grandeza: massa corporal. (N. do E.)

corpo a transfere a outros corpos contíguos ou a partes dele mesmo que têm movimento independente. Por isso, esses pensadores acreditaram que o que podemos dizer da força também possa ser dito da quantidade de movimento. Mas, para mostrar a diferença, suporei que um corpo que cai de certa altura possa adquirir força para retornar a essa mesma altura, desde que sua direção para lá o conduza e que ele não encontre nenhum obstáculo: um pêndulo, por exemplo, poderia perfeitamente retornar à mesma altura de onde desceu, se a resistência do ar e outros pequenos obstáculos não lhe diminuíssem um pouco a força adquirida. Suporei também que é preciso igual força para elevar um corpo A, pesando uma libra, à altura CD de quatro toesas[19], e um corpo B, de quatro libras, à altura EF de uma toesa. Tudo isso admitem nossos novos filósofos.

Fica evidente, portanto, que o corpo A, caindo da altura CD, adquirirá precisamente a mesma força do corpo B, caindo da altura EF; pois o corpo B, chegando a F, e aí encontrando força para retornar a E (pela primeira suposição), terá consequentemente força para elevar um corpo de quatro libras, a saber, seu próprio corpo, à altura EF de uma toesa. E também o corpo A, chegando a D, e aí encontrando força para voltar a C, terá força para elevar um corpo de uma libra, isto é, seu próprio corpo, à altura de quatro toesas. Logo (pela segunda suposição), a força dos dois corpos é igual.

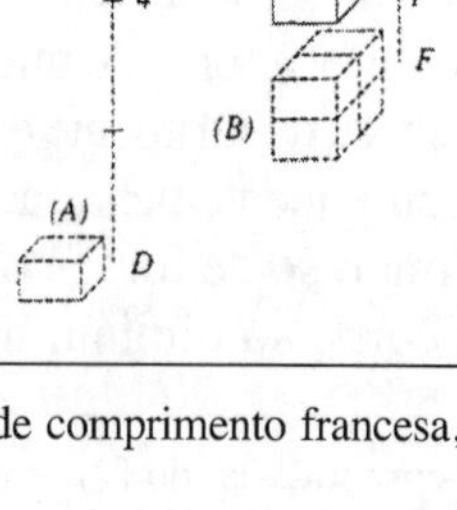

[19] Toesa: antiga medida de comprimento francesa, equivalente a 1,94 m. (N. do E.)

Vejamos agora se a quantidade de movimento também é a mesma de parte a parte: e aqui, surpreendentemente, encontraremos uma enorme diferença. Já foi demonstrado por Galileu que a velocidade da queda CD corresponde ao dobro da alcançada pela queda EF, apesar de aquela ter o quádruplo da altura desta. Multipliquemos o corpo A, que é igual a 1, por sua velocidade, que é igual a 2, e o produto ou a quantidade de movimento será igual a 2; multipliquemos o corpo B, que é igual a 4, por sua velocidade, que é igual a 1, e o produto ou a quantidade de movimento será igual a 4. Logo, a quantidade de movimento do corpo A no ponto D corresponde à metade da quantidade de movimento do corpo B no ponto F, e, no entanto, as forças de ambos são iguais. Há, portanto, uma grande diferença entre a quantidade de movimento e a força, como queríamos demonstrar.

Por aí podemos ver como a força deve ser medida pela quantidade do efeito que pode produzir, como, por exemplo, a altura a que se pode erguer um corpo pesado de determinada grandeza e espécie, o que é bem diferente da velocidade que pode ser dada a esse corpo. E, para lhe dar o dobro da velocidade, é necessário mais que o dobro da força.

Nada é mais simples que essa prova; e o sr. Descartes só caiu em erro aqui por confiar demais nos próprios pensamentos antes que se fizessem suficientemente maduros. Espanta-me, porém, que, depois, seus seguidores não tenham reparado no erro; e temo que, pouco a pouco, comecem a imitar os peripatéticos de quem zombam e, como eles, se acostumem a consultar mais os livros de seu mestre que a razão e a natureza.

XVIII.
A distinção da força e da quantidade de movimento é importante, entre outras coisas, para julgar a necessidade de recorrer às considerações metafísicas independentes da extensão a fim de explicar o fenômeno dos corpos

Essa consideração, de que a força é distinta da quantidade de movimento, é muito importante não só na física e na mecânica, para encontrar as verdadeiras leis da natureza e regras do movimento, e até para corrigir vários erros de prática que se insinuaram nos escritos de alguns hábeis matemáticos, mas também na metafísica, para melhor entender os princípios. Pois o movimento, se não consideramos apenas aquilo de que precisa e que formalmente o constitui, ou seja, uma mudança de lugar, não é coisa inteiramente real; e, quando vários corpos mudam de situação entre si, não é possível determinar pela simples consideração dessas mudanças a quais deles devemos atribuir o movimento ou o repouso, como o poderia demonstrar geometricamente, se me quisesse deter neste ponto.

Mas a força, ou causa próxima dessas mudanças, é muito mais real, e há muito mais fundamento em atribuí-la mais a um corpo que a outro; e só dessa maneira é possível saber, propriamente, a qual deles pertence a primazia do movimento. Ora, a força em questão difere, de algum modo, do tamanho, da figura e do movimento, e podemos considerar, por isso, que tudo o que supomos de um corpo não consiste apenas na extensão e em suas modificações, como imaginam nossos modernos. Somos, portanto, obrigados a recuperar alguns entes ou formas por eles banidos. E parece cada vez mais, embora todos os fenômenos particulares da natureza possam ser explicados matemática ou mecanicamente pelos que os conhecem, que os próprios princípios gerais da natureza corpórea e até da mecânica são mais metafísicos que geométricos, e correspondem mais a algumas formas ou naturezas indivisíveis, como as causas das aparências, que à massa corpórea ou extensa. Essa reflexão tem a capacidade de reconciliar a filosofia mecânica dos modernos com a circunspecção de algumas pessoas inteligentes e bem intencionadas que temem, com certa razão, que nos afastemos demais dos entes imateriais em prejuízo da piedade.

XIX.
Da utilidade das causas finais na física

Como não me agrada julgar mal a ninguém, não faço acusação alguma a nossos novos filósofos, que pretendem banir as causas finais da física, mas sou obrigado a advertir, ao menos, que me parecem perigosas as consequências dessa opinião, sobretudo se a identifico com aquela, já refutada no início deste discurso, que me parece querer excluir completamente as causas finais, como se Deus agisse sem se propor nenhuma finalidade nem bem, ou como se não fosse o bem o objeto de sua vontade. Eu de minha parte digo, pelo contrário, que é nas causas finais que devemos procurar o princípio de todas as existências e das leis da natureza, pois Deus sempre se propõe o melhor e o mais perfeito.

Reconheço que estamos sujeitos a nos iludir quando pretendemos determinar os fins ou os desígnios de Deus, mas só quando queremos limitá-los a um propósito particular, supondo que Deus só tenha visto uma coisa, quando ele vê tudo ao mesmo tempo. É o que acontece quando acreditamos que Deus fez o mundo somente para nós — o que é uma grande ilusão —, embora seja muito verdadeiro que ele o tenha feito inteiramente para nós, e que não há nada no universo que não nos diga respeito e não se acomode aos desígnios que Deus tem para nós, conforme os princípios enunciados acima. Assim, quando vemos qualquer bom efeito ou perfeição procedente ou consequente das obras de Deus, podemos dizer, com certeza, que tal efeito ou perfeição atende ao propósito de Deus. Pois Deus não faz nada por acaso, e é diferente de nós, a quem por vezes escapa fazer o bem. Eis por que, longe de ser possível exagerar nesta matéria — como o fazem os políticos exaltados, que veem demasiada sagacidade nos desígnios dos príncipes, ou os comentadores que procuram excessiva erudição em seus autores —, nunca é demasiada a reflexão que podemos atribuir a essa sabedoria infinita, nem há outra matéria em que possamos temer menos o erro, desde que nos limitemos a afirmar e evitemos as proposições negativas, que limitam os desígnios de Deus.

Quem vê a admirável estrutura dos animais é levado a reconhecer a sabedoria do autor das coisas; e aconselho os que têm algum sentimento de piedade e até de verdadeira filosofia a se afastarem das frases de certos espíritos excessivamente pretensiosos, que dizem que vemos porque acontece termos olhos, sem dizer que os olhos foram feitos para ver. Quando alguém está seriamente persuadido de opiniões assim, que tudo concedem à necessidade da matéria ou a certa espécie de acaso (por mais que um e outro devam parecer ridículos aos que compreendem o que explicamos acima), é difícil que possa reconhecer um autor inteligente da natureza. Pois o efeito deve corresponder à causa, e até conhecemos melhor pelo conhecimento da causa, e não é razoável introduzir uma inteligência soberana ordenadora das coisas para, no momento seguinte, em vez de recorrer a sua sabedoria, servir-se apenas das propriedades da matéria para explicar os fenômenos. É como se, para explicar a conquista de uma fortaleza importante por um grande príncipe, um historiador preferisse dizer que os corpúsculos de pólvora do canhão entraram em contato com uma faísca e se expandiram com velocidade tal que lançaram um corpo pesado e duro contra as muralhas da fortaleza, enquanto as redes de corpúsculos que compõem o cobre do canhão, estando bem entrelaçadas, não se separaram em razão dessa velocidade. E isso em vez de relatar a previdência com que o conquistador escolheu a oportunidade e os meios propícios e a potência com que superou todos os obstáculos.

XX.
Notável passagem de Sócrates, em Platão, contra os filósofos excessivamente materialistas

Isso me faz lembrar uma bela passagem de Sócrates, no *Fédon*, de Platão, maravilhosamente concorde com minhas opiniões sobre o assunto, e que parece feita de encomenda contra os filósofos excessivamente materialistas de nossos dias. Essa conformidade despertou-me o desejo de traduzi-la, embora seja um pouco longa. Talvez esta amostra venha a dar ocasião a que alguns de nós partilhem de alguns dos muitos pensamentos belos e sólidos que constam dos escritos do famoso autor[20].

"Um dia, diz Sócrates, ouvi alguém ler um livro de Anaxágoras, em que havia estas palavras, que diziam que *um ser inteligente fora a causa de todas as coisas, e que ele as dispusera e ordenara*. Aquilo me alegrou imensamente, pois eu acreditava que, se o mundo fosse o efeito de uma inteligência, tudo seria feito da maneira mais perfeita possível. É que eu acreditava que quem quisesse explicar por que as coisas são geradas ou perecem ou subsistem deveria procurar pelo que é mais conveniente para a perfeição de cada coisa. O homem só teria,

[20] O trecho que se segue corresponde à tradução algo livre e modificada que Leibniz faz para o francês da passagem do *Fédon*, de Platão, em que Sócrates rejeita as explicações filosóficas naturalistas (97 b–99 c). Com as reticências, Leibniz indica as passagens que omitiu intencionalmente. (N. do E.)

portanto, de considerar, em si mesmo e em qualquer outra coisa, o melhor e o mais perfeito, pois quem conhecesse o mais perfeito julgaria facilmente, por este, o que fosse imperfeito, uma vez que a ciência de um é a mesma do outro.

Considerando tudo isso, alegrava-me ter encontrado um mestre que poderia ensinar as razões das coisas: por exemplo, se a terra é redonda ou plana, e por que seria melhor que fosse de um modo e não de outro. Também esperava que ele me dissesse se a terra está ou não no centro do universo, e por que seria mais conveniente assim. [...] E que me desse explicações semelhantes a propósito do sol, da lua, das estrelas e de seus movimentos. [...] Esperava, enfim, que, depois de me mostrar o que era mais adequado em cada coisa em particular, ele me mostrasse o que fosse melhor em geral.

Cheio dessa esperança, tomei e percorri os livros de Anaxágoras com muito entusiasmo, mas acabei muito longe do esperado, pois percebi, atônito, que ele não se servia em nada dessa inteligência governadora a que deu primazia, que não mais falava da ordem nem da perfeição das coisas e que introduzia certas matérias etéreas pouco verossímeis.

Nisso procedia como aquele que, tendo dito que Sócrates faz as coisas com inteligência, achando-se depois a explicar particularmente as causas de suas ações, dissesse que ele está sentado aqui porque tem um corpo composto de ossos, de carne e de nervos; que os ossos são sólidos, mas têm intervalos ou articulações; que os nervos se contraem e se distendem; e que, por isso, o corpo é flexível e, portanto, estou sentado. Ou como quem, para justificar o presente discurso, recorresse ao ar, aos órgãos da voz e do ouvido ou coisas semelhantes, esquecendo, contudo, as verdadeiras causas, ou seja, que os atenienses julgaram melhor que eu fosse condenado e não absolvido, e que eu, de minha parte, julguei melhor permanecer aqui sentado que fugir. Pois garanto que, sem isso, há muito tempo, estes ossos e estes nervos já estariam entre os beócios e os megários, caso eu não achasse mais justo e mais honesto sofrer o castigo que a pátria me quer dar que viver fora dela vagabundo e exilado. Eis por que não é razoável chamar a estes ossos e nervos, e a seus movimentos, de causas.

É verdade que quem dissesse que eu não poderia fazer nada disso sem ossos nem nervos teria razão, mas uma coisa é a verdadeira causa [...] e outra, a condição sem a qual a causa não poderia ser causa. [...]

Os que se limitam a afirmar, por exemplo, que é o movimento dos corpos ao redor da terra que a sustenta em seu lugar esquecem que a potência divina dispõe todas as coisas da maneira mais bela e não compreendem que são o bem e o belo que unem, formam e mantêm o mundo..."

Isso em Sócrates, pois o que se segue em Platão sobre as ideias ou formas não é menos excelente, mas é um pouco mais difícil.

XXI.
Se as regras mecânicas dependessem exclusivamente da geometria, sem a metafísica, os fenômenos seriam totalmente outros

Ora, se sempre reconhecemos a sabedoria de Deus no pormenor da estrutura mecânica de alguns corpos em particular[21], é necessário que essa sabedoria se manifeste também na economia geral do mundo e na constituição das leis da natureza. E isso é tão verdadeiro que podemos observar os preceitos dessa sabedoria nas leis do movimento em geral. Pois, se só houvesse nos corpos uma massa extensa, e não houvesse mais no movimento que mudança de lugar, e se tudo se pudesse e devesse deduzir dessas definições por uma necessidade geométrica, então, como demonstrei em algum ponto, um corpo menor poderia transmitir a um maior, que estivesse em repouso e com o qual se encontrasse, a mesma velocidade que tem, sem perder o mínimo da sua. E seria necessário admitir uma variedade de outras regras como essa, inteiramente contrárias à formação de um sistema. Mas nisso proveu o decreto da sabedoria divina de conservar enfim sempre a mesma força e a mesma direção.

Creio ainda que vários efeitos da natureza podem ser demonstrados de dois modos, pela consideração da causa eficiente

---

[21] Como a "admirável estrutura dos animais", a que o autor se refere no § XIX. (N. do E.)

e também, independentemente desta, pela consideração da causa final, recorrendo, por exemplo, ao decreto divino de sempre produzir efeitos pelas vias mais simples e determinadas, como demonstrei em outra ocasião, para explicar as regras da catóptrica e da dióptrica[22], e sobre o que discorrerei mais longamente adiante.

[22] Leibniz remete a seu *Unicum opticae, catoptricae et dioptricae principium*, de 1682. (N. do E.)

XXII.
Conciliação de duas vias, pelas causas finais e pelas causas eficientes, para satisfazer tanto os que explicam a natureza mecanicamente como os que recorrem às naturezas incorpóreas

Esta observação vem a propósito para conciliar os que pretendem explicar mecanicamente a formação do primeiro tecido de um animal, e de toda a máquina de suas partes, com os que explicam a mesma estrutura pelas causas finais. Ambas as explicações são boas e podem ser úteis, não só para admirar a obra do grande artífice, mas também para descobrir coisas úteis na física e na medicina. E os autores que seguem um ou outro caminho não se deveriam hostilizar.

Noto, entretanto, que os que professam a beleza da anatomia divina zombam dos que imaginam que um movimento de certos líquidos, aparentemente fortuito, poderia ter gerado uma tão bela variedade de membros, e acusam-nos de temerários e profanos. Estes, pelo contrário, veem os primeiros como ignorantes e supersticiosos, comparáveis àqueles antigos que consideravam ímpios os físicos que defendiam não ser Júpiter quem troveja, e sim alguma matéria dentro das nuvens. Melhor seria juntar as duas considerações, pois, se me é lícito valer-me de uma comparação vulgar, reconheço e exalto a destreza de um artesão não só apontando os propósitos com que ele construiu as peças de suas máquinas, mas mostrando também os instrumentos de que se serviu para fazer cada peça, principalmente quando esses instrumentos são simples e engenhosamente inventados. E Deus é um artesão destro o bastante para produzir uma máquina mil vezes mais engenhosa que a de nosso corpo, servindo-se apenas de certos líquidos muito simples, expressamente formados de modo que bastem as leis ordinárias da natureza para fazer a devida mistura e produzir um efeito tão admirável, sendo verdade, no entanto, que esse efeito jamais aconteceria se Deus não fosse o autor da natureza.

Creio, porém, que a via das causas eficientes, que é efetivamente mais profunda e, de certo modo, mais imediata e *a priori*, seja, em compensação, muito mais difícil, quando chegamos ao pormenor, e creio que nossos filósofos ainda estão, em geral, muito longe dela. Já a via das causas finais é mais fácil, e frequentemente não deixa de servir para adivinhar verdades importantes e úteis, que demandariam muito tempo de busca pelo caminho mais físico, do qual a anatomia pode fornecer exemplos consideráveis. Acho que Snellius[23], o primeiro inventor das regras de refração, teria demorado muito mais a encontrá-las, se tivesse querido, primeiro, descobrir como a luz se forma. Mas ele, aparentemente, preferiu seguir o método que os antigos aplicaram à catóptrica, que, com efeito, vai pelas causas finais. Pois estes, procurando o caminho mais fácil para conduzir um raio de luz de um ponto dado a outro, pela reflexão num plano dado (supondo ser esse o desígnio da natureza), descobriram a igualdade dos ângulos de incidência e de reflexão, como podemos ver num tratado de Heliodoro de Larissa[24] e em outros lugares. Foi o que, creio eu, o sr. Snellius e, depois dele (embora sem nada conhecer dele), o

---

[23] Snellius, ou Willebrord Snell van Roijen (1591-1626), matemático holandês. Em 1621, ele descobriu experimentalmente a lei da refração da luz, hoje geralmente atribuída a Descartes, que só a redescobriu em 1637 e a divulgou. (N. do E.)

[24] O grego Heliodoro de Larissa (século III-IV d.C.) é um dos autores antigos cujos estudos sobre a reflexão (catóptrica) teriam servido de base à experiência de Snellius sobre a refração (dióptrica). (N. do E.)

sr. Fermat[25] aplicaram ainda mais engenhosamente à refração. Pois, quando os raios observam nos mesmos meios a mesma proporção dos senos, que também é a da resistência dos meios, temos que essa é a via mais fácil, ou pelo menos a mais determinada, para passar de um ponto dado num meio a outro ponto dado em outro. E falta muito para que a demonstração do mesmo teorema pelo sr. Descartes, que a intentou fazer pela via das causas eficientes, seja tão boa. Podemos suspeitar, ao menos, que ele jamais a teria descoberto, por essa via, se nada houvesse sabido na Holanda da descoberta de Snellius.

[25] Pierre de Fermat (1601-1665), matemático francês que estabeleceu o princípio (Princípio de Fermat), segundo o qual, para ir de um ponto a outro, a luz segue o trajeto de menor duração. (N. do E.)

XXIII.
Para voltar às substâncias imateriais, a explicação de como Deus atua no entendimento dos espíritos e se sempre temos a ideia do que pensamos

Pareceu-me oportuno insistir um pouco nessas considerações das causas finais, das naturezas incorpóreas e de uma causa inteligente que tem ligação com os corpos, para mostrar sua aplicação até mesmo na física e na matemática, a fim de livrar, por um lado, a filosofia mecânica do caráter profano que se lhe imputa e de elevar, por outro, o espírito de nossos filósofos de considerações tão somente materiais para meditações mais nobres. Mas agora é conveniente voltar dos corpos para as naturezas imateriais, e particularmente para os espíritos, e dizer alguma coisa da maneira como Deus os ilumina e atua sobre eles — e aí também, indubitavelmente, intervêm certas leis da natureza, das quais falarei mais profusamente mais tarde. Há de bastar por ora dizer alguma coisa das ideias, e indagar se vemos todas as coisas em Deus e de que modo Deus é nossa luz.

Virá a propósito observar que o mau uso das ideias dá ocasião a muitos erros. Pois, quando raciocinamos acerca de uma coisa, imaginamos ter uma ideia dessa coisa, e esse é o fundamento sobre o qual alguns filósofos, antigos e novos, basearam uma demonstração muito imperfeita de Deus[26]. É

[26] Leibniz se refere à chamada prova ontológica da existência de Deus, adotada por Descartes, que a defendeu em seus escritos mais importantes. Ver, por exemplo, *Discurso do método*, IV. (N. do E.)

necessário, dizem eles, que eu tenha uma ideia de Deus ou de um ser perfeito, já que penso nele e não poderia pensar sem ideia; ora, a ideia desse ser encerra todas as perfeições, e a existência é uma delas; logo, Deus existe. Como, porém, também pensamos em muitas quimeras impossíveis, como, por exemplo, no último grau da velocidade, no maior dos números e no encontro da conchóide[27] com sua base ou regra, tal raciocínio não é suficiente. É nesse sentido, pois, que podemos dizer que existem ideias verdadeiras e falsas, segundo aquilo a que se referem seja possível ou não. Só podemos ostentar ter ideia de uma coisa se estamos seguro de sua possibilidade. Assim, o argumento acima citado prova pelo menos que Deus existe necessariamente, se é possível. O que, com efeito, é um excelente privilégio da natureza divina: só precisar de sua possibilidade ou essência para existir na realidade — e é isso justamente o que chamamos *Ens a se*[28].

[27] Conchóide ou concóide: curva em forma de concha idealizada pelo matemático grego Nicomedes (séc. III-II a.C.). É "obtida pelo prolongamento ou diminuição (de um segmento constante) do raio vetor de cada ponto de curva. [...] A conchóide de Nicomedes é a conchóide da linha reta e o caracol de Pascal é a conchóide da circunferência" (*Larousse Cultural*, 8 vols., 1987). (N. do E.)

[28] *Ens a se*: o ser necessário. V. Leibniz, *Monadologia*, § 45. (N. do E.)

XXIV.
O que é um conhecimento claro ou obscuro; distinto ou confuso, adequado e intuitivo ou supositivo; e uma definição nominal, real, causal, essencial

Para melhor entender a natureza das ideias, é necessário fazer algumas considerações acerca da variedade dos conhecimentos. Quando posso reconhecer uma coisa entre as outras, mas sem poder dizer em que consistem suas diferenças ou propriedades, o conhecimento é confuso. Às vezes, sabemos claramente, e sem dúvida alguma, se um poema ou um quadro é bem ou malfeito, pois nele existe um não-sei-quê que nos satisfaz ou aborrece. Mas, se posso explicar as particularidades do que vejo, aí o conhecimento se torna distinto. E tal é o conhecimento de um contrasteador, que discerne o verdadeiro do falso por meio de certas provas ou particularidades que definem o ouro.

Mas o conhecimento distinto tem graus, pois, em geral, as noções que entram na definição também carecem de definição e são conhecidas apenas de maneira confusa. Quando, porém, tudo o que entra em uma definição ou conhecimento distinto é conhecido distintamente — até as noções primitivas —, chamo a esse conhecimento adequado. Já quando meu espírito compreende simultânea e distintamente todos os ingredientes primitivos de uma noção, digo que tem dela um conhecimento intuitivo, o que é muito raro, uma vez que os conhecimentos humanos são, na maior parte, confusos, ou seja, supositivos.

Convém também discernir as definições nominais e reais. Chamo definição nominal a que pode suscitar dúvidas sobre a possibilidade do conceito definido, como, por exemplo, se digo que um parafuso sem fim[29] é uma linha sólida cujas partes são congruentes ou podem incidir uma sobre a outra. Quem nunca viu um parafuso sem fim poderia duvidar se uma linha assim é possível, embora esteja aí com efeito uma propriedade recíproca do parafuso sem fim, pois as outras linhas que têm partes congruentes (ou seja, a circunferência do círculo e a linha reta) são planas, quer dizer, só podem ser traçadas *in plano*[30]. Por aí vemos que toda propriedade recíproca pode dar ocasião a uma definição nominal, mas, quando a propriedade demonstra a possibilidade da coisa, dá origem à definição real. Ora, quando não temos mais que uma definição nominal, não é possível ter certeza das consequências que daí podem ser extraídas; pois bastaria que tal definição ocultasse uma única contradição ou impossibilidade, e poderíamos chegar a conclusões opostas. Eis por que as verdades não dependem de nomes nem são arbitrárias como alguns novos filósofos supõem.

Quanto ao mais, existe também uma diferença entre as espécies de definições reais. Quando a possibilidade só é provada pela experiência — como na definição do argento vivo[31], cuja possibilidade é conhecida porque sabemos que efetivamente existe um tal corpo, que é um fluido extremamente pesado e, no entanto, bastante volátil — , a definição é real, e mais nada. Quando, porém, a prova da possibilidade é feita *a priori*, a definição, além de real, é causal, como quando compreende a possível geração da coisa. E, quando esmiúça a análise até as noções primitivas, sem nada pressupor que tenha necessidade de prova *a priori* de sua possibilidade, então a definição é dita perfeita ou essencial.

---

[29] Parafuso sem fim: eixo com rosca, o qual, girando sobre si mesmo, sem avançar, movimenta uma roda dentada. (N. do E.)

[30] "No plano", em latim. (N. do E.)

[31] Argento vivo: mercúrio. (N. do E.)

XXV.
Em que caso nosso conhecimento se une à contemplação da ideia

Ora, é manifesto que nós não temos ideia de uma noção, quando ela é impossível. E, se a tivéssemos, quando o conhecimento é meramente supositivo, não a contemplaríamos, pois tal noção não pode ser mais conhecida que as noções ocultamente impossíveis; e, quando essa noção é possível, não é esse o modo de conhecimento que a apreende. Se eu penso, por exemplo, em mil ou num quiliógono[32], faço-o geralmente sem contemplar a ideia (como quando digo que mil é dez vezes cem, sem me preocupar com o que é 10 e 100), pois suponho sabê-lo e creio não ser necessário que me detenha a concebê-lo no presente. Assim, pode ocorrer, como de fato muitas vezes ocorre, de eu me enganar acerca de uma noção que suponho ou creio compreender, embora na verdade tal noção seja impossível, ou, ao menos, incompatível com as outras com as quais a combino; e, esteja eu enganado ou não, essa maneira supositiva de concepção é a mesma. É só quando nosso conhecimento é claro, nas noções confusas, ou intuitivo, nas noções distintas, que conseguimos ver a ideia em sua totalidade.

[32] Quiliógono: polígono regular de mil lados. (N. do E.)

XXVI.
Que nós temos em nós todas as ideias; e da reminiscência de Platão

Para entender bem o que é a ideia, é preciso prevenir um equívoco, pois muitos imaginam as ideias como formas ou mudanças dos nossos pensamentos, e, desse modo, só as retemos no espírito enquanto as pensamos, e, quando as pensamos de novo, são outras ideias da mesma coisa, embora muito semelhantes às precedentes. Já outros parecem entender a ideia como um objeto imediato do pensamento ou como forma permanente que persiste enquanto não a contemplarmos. Com efeito, nossa alma conserva permanentemente em si a qualidade de representar qualquer natureza ou forma quando a ocasião de a pensar se apresenta. E creio que essa qualidade que nossa alma tem de exprimir qualquer natureza, forma ou essência é propriamente a ideia da coisa, que está em nós, e sempre em nós, quer a pensemos quer não. Pois nossa alma exprime Deus e o universo, bem como todas as essências e todas as existências.

Isso condiz com meus princípios, pois naturalmente nada entra em nosso espírito de fora, e temos o mau hábito de pensar como se nossa alma recebesse espécies mensageiras[33] e tivesse

[33] Espécies mensageiras: Leibniz ironiza o conceito de *specie* dos últimos escolásticos — em certos casos, verdadeiros eflúvios que se desprendem dos corpos das substâncias para sensibilizar o sujeito cognoscente. (N. do E.)

portas e janelas. Temos todas essas formas no espírito, e a qualquer tempo, porque o espírito sempre exprime seus pensamentos futuros e já pensa confusamente o que há de pensar distintamente. E nada poderíamos apreender cuja ideia já não esteja em nosso espírito, que é como a matéria de que se forma esse pensamento.

É o que Platão excelentemente considerou quando introduziu sua doutrina da reminiscência, que tem muito de sólido, desde que bem entendida e extirpada do erro da preexistência, e desde que também não imaginemos que a alma já tenha conhecido e pensado distintamente no passado as coisas que apreende e pensa no presente. Quanto ao mais, o próprio Platão confirmou sua opinião com uma bela experiência, apresentando um jovem que ele conduziu diligentemente às mais difíceis verdades da geometria no que toca aos incomensuráveis, sem nada lhe inculcar, e apenas fazendo perguntas em ordem e a propósito[34]. Isso mostra que nossa alma sabe virtualmente tudo isso e só necessita de animadversão[35] para conhecer as verdades, e que, por conseguinte, nossa alma tem ao menos as ideias de que essas verdades dependem. Podemos dizer até que a alma já tem essas verdades, se as entendemos como relações entre as ideias.

---

[34] Leibniz cita o *Ménon* (82 b–85 b), de Platão. (N. do E.)

[35] Animadversão: termo aqui empregado no sentido de "atenção", "reflexão", e não em sua acepção mais comum, de "admoestação", "repreensão". (N. do E.)

XXVII.
Como nossa alma pode ser comparada a tábuas vazias, e como nossas noções vêm dos sentidos

Aristóteles preferiu comparar nossa alma a tábuas ainda vazias em que podemos escrever, e disse que tudo em nosso entendimento vem dos sentidos. Isso é mais compatível com as noções populares, como é próprio de Aristóteles; já Platão vai mais a fundo. Mas essas espécies de doxologias ou praticologias[36] podem entrar no uso comum, mais ou menos como notamos que os que seguem Copérnico não deixam de dizer que o sol se levanta e se põe. Acho até que muitas vezes lhes podemos dar um sentido apropriado, que nada tem de falso, e, assim como já apontei de que modo podemos dizer, verdadeiramente, que as substâncias particulares agem umas sobre as outras, assim também podemos dizer que recebemos de fora os conhecimentos, ministrados pelos sentidos, pois algumas coisas externas contêm ou exprimem mais particularmente as razões que determinam nossa alma a certos pensamentos. Mas, quando se trata da exatidão das verdades metafísicas, é importante reconhecer a extensão e a independência de nossa alma, que vai muito além do que supomos geralmente, embora

---

[36] "Doxologias ou praticologias": respectivamente, discursos apoiados na opinião ou na prática. (N. do E.)

no uso ordinário da vida só lhe atribuamos o que mais manifestamente percebemos e o que nos pertence de maneira mais particular, pois de nada serviria ir além daí.

Seria conveniente, contudo, para evitar equívocos, escolher termos próprios para um e outro significado. Assim, às expressões que estão em nossa alma, quer as concebamos quer não, poderíamos chamar ideias, enquanto as que se concebem ou se formam receberiam o nome de noções, *conceptus*. Seja como for, de qualquer modo que as entendamos, sempre é falso dizer que todas as nossas noções provêm dos sentidos ditos externos, pois as que vêm de mim e de meus pensamentos e, por conseguinte, do ser, da substância, da ação, da identidade e de outras coisas têm origem numa experiência interna.

XXVIII. Deus é o único objeto imediato de nossas percepções que vive fora de nós; e só ele é a nossa luz

Ora, dentro do rigor da verdade metafísica, não existe causa externa que atue sobre nós, exceto Deus; e somente ele se comunica imediatamente conosco, em virtude de nossa dependência contínua. De onde se segue que nenhum outro objeto externo nos toca a alma nem excita imediatamente a percepção. É, portanto, só por causa da ação contínua de Deus sobre nós que temos em nossa alma as ideias de todas as coisas; ou seja, como todo efeito exprime sua causa, a essência de nossa alma constitui uma certa expressão, imitação ou imagem da essência, pensamento e vontade divinos e de todas as ideias nela contidas. Podemos dizer ainda que Deus é o único objeto imediato fora de nós, e que vemos todas as coisas por ele. Quando vemos, por exemplo, o sol e os astros, foi Deus quem nos deu e conserva a ideia deles, e que nos determina efetivamente a pensar neles, por meio de seu concurso ordinário, nas ocasiões em que nossos sentidos estão dispostos de determinado modo, segundo as leis por ele estabelecidas. Deus é o sol e a luz das almas, ou *a lumen illuminans omnem hominem venientem in hunc mundum*[37]; e não vem de hoje essa convicção. Além da

[37] Em latim: "luz que ilumina todo homem que vem a este mundo" (João 1, 9). (N. do E.)

Sagrada Escritura e dos santos Padres, que sempre preferiram Platão a Aristóteles, lembro-me de ter notado frequentemente que, no tempo dos escolásticos, muitos creram que Deus é a luz da alma e, para falar como eles, o *intellectus agens animae rationalis*[38]. Os averroístas[39] interpretaram mal essa doutrina, mas outros, entre os quais se encontram Guilherme de Saint-Amour[40] e diversos teólogos místicos, entenderam-na de maneira digna de Deus e capaz de elevar uma alma ao conhecimento de seu bem.

---

[38] Em latim: "o intelecto agente da alma racional". (N. do E.)

[39] Os averroístas, intérpretes ocidentais de Averróis (1126-1198), separavam a alma humana do intelecto agente, reduzindo-a a mera imagem deste. Tiveram em Tomás de Aquino (c. 1225-1274) seu maior opositor. (N. do E.)

[40] Guilherme de Saint-Amour (1202-1272), eminente professor de teologia em Paris, foi o líder dos doutores seculares que se insurgiram contra as ordens mendicantes (franciscanos, dominicanos, etc.) no século XIII. (N. do E.)

XXIX.
No entanto pensamos, imediatamente, por nossas próprias ideias, e não pelas de Deus

Não tenho, contudo, a mesma opinião de alguns exímios filósofos que parecem sustentar que nossas próprias ideias estão em Deus, e de maneira alguma em nós. Isso, a meu ver, provém de eles ainda não terem considerado devidamente nem as observações que fizemos acerca das substâncias nem a grande extensão e a independência de nossa alma, que a faz compreender tudo o que com ela ocorre e exprimir Deus e todos os outros seres, possíveis e atuais, como um efeito exprime sua causa. Além do mais, é coisa inconcebível que eu pense pelas ideias de outrem. Também é preciso que a alma, de alguma maneira, quando pensa em alguma coisa, seja efetivamente modificada, e que nela exista, antecipadamente, não só a potência passiva de ser assim modificada — que já se encontra totalmente determinada —, mas também uma potência ativa, em virtude da qual em sua natureza tenham existido sempre os indícios da produção futura desse pensamento e das disposições que o produzirão no momento oportuno. E tudo isso já implica a ideia contida nesse pensamento.

XXX.
Como Deus inclina nossa alma sem a obrigar; que não temos o direito de nos queixar, e que não é necessário perguntar por que Judas peca, mas por que o pecador Judas tem preferência na existência a outras pessoas possíveis; e dos graus da graça

No tocante à ação de Deus sobre a vontade humana, existe uma grande quantidade de considerações muito difíceis, em que eu me demoraria muito, se delas tratasse aqui. Eis, no entanto, o que podemos dizer em termos gerais. Em seu concurso ordinário em nossas ações, Deus só segue as leis que ele próprio estabeleceu. Ele conserva e produz continuamente nosso ser, de modo que os pensamentos nos chegam espontânea ou livremente na ordem que a noção de nossa substância individual demanda, e na qual seria possível prevê-los por toda a eternidade. Além disso, em virtude do decreto com que estabeleceu que a vontade sempre se inclina para o que é aparentemente melhor — exprimindo ou imitando a vontade divina em certos aspectos particulares em relação aos quais esse bem aparente tem sempre alguma coisa de verdadeiro —, Deus determina nossa vontade pela escolha do que parece melhor, sem no entanto a obrigar. Porque, em termos absolutos, nossa vontade, enquanto se opõe à obrigação, se assenta na indiferença, e tem o poder de proceder de outro modo ou, ainda, de suspender totalmente sua ação, pois ambas as decisões são e permanecem possíveis.

Também está em poder da alma precaver-se contra as surpresas das aparências pela firme vontade de fazer reflexões e de não agir e julgar, em certas circunstâncias, sem antes ponderar reta e longamente. E, no entanto, é verdadeiro, e está estabelecido por toda a eternidade, que sempre haverá alma que numa tal circunstância não usará esse poder. Mas quem a impediria? De quem mais ela poderia queixar-se, senão de si mesma? Pois toda queixa feita depois de um fato é injusta, quando seria injusta feita antes dele também. Ora, essa alma, pouco antes de pecar, poderia muito bem ter-se queixado de que Deus a estaria determinando a pecar. Mas, se as determinações de Deus nessas matérias são coisas que não podemos prever, como saberia a alma que Deus a determinou a pecar, senão depois de já ter efetivamente pecado? Bastaria não querer[41], e Deus teria proposto uma condição mais fácil e mais justa, como qualquer juiz, que, antes de procurar as razões que levaram um homem a cometer uma má vontade, se limita a julgar quão má teria sido essa vontade. Mas então podemos dizer que é certo, por toda a eternidade, que eu pecarei? Respondei-vos vós mesmos: talvez não. E, sem vos preocupardes com o que não podeis conhecer nem de modo algum vos pode iluminar, agi segundo vosso dever, que conheceis.

Mas, dirá alguém, de onde vem a certeza de que esse homem cometerá o pecado? A resposta é fácil: de outro modo, ele não seria esse homem. Pois Deus, desde sempre, vê que haverá um Judas, em cuja noção, ou na ideia que Deus tem dele, está contida essa ação livre futura. De modo que a única questão que resta é por que esse tal Judas, o traidor, ganha atualidade, se era só uma possibilidade na ideia de Deus. Mas não há resposta para essa pergunta nesta vida, senão que devemos admitir, em geral, que, se Deus houve por bem que ele existisse, ainda que previsse seu pecado, seu mal há de ser compensando no universo com juros; que Deus há de extrair dele um bem maior; e que, em suma, essa sucessão de coisas que compreende a existência desse pecador é a mais perfeita entre todas as

---

[41] "Bastaria não querer...": quer dizer, bastaria a essa alma que não quisesse pecar. (N. do E.)

outras possíveis. Mas nem sempre podemos explicar a admirável economia dessa escolha, pois somos viajantes neste mundo; e basta o saber sem compreender. Este é o momento de reconhecer a *altitudinem divitiarum*, a profundidade e o abismo da sabedoria divina[42], sem entrar em pormenores que implicariam considerações infinitas.

Vemos claramente, porém, que Deus não é a causa do mal. Pois não só, depois da perda da inocência dos homens, o pecado original apoderou-se da alma, mas antes também já havia uma limitação ou imperfeição original, conatural a todas as criaturas, que as torna capazes de pecar ou falíveis. Não há, portanto, maiores inconvenientes na explicação dos supralapsários[43] do que em outras. E eis, a meu ver, a que se deve reduzir a opinião de Santo Agostinho e de outros autores, segundo a qual a raiz do mal está no nada, quer dizer, na privação ou limitação das criaturas, que Deus remedeia graciosamente pelo grau de perfeição que lhe apraz dar a elas. Tal graça de Deus, seja ordinária, seja extraordinária, tem seus graus e medidas; é sempre eficaz em si mesma para produzir certo efeito proporcionado; e, além do mais, é sempre suficiente não só para nos proteger do pecado, mas também para produzir a salvação, supondo que o homem contribua com ela na parte que lhe caiba. Ela, porém, não é suficiente para superar as inclinações do homem, pois de outro modo ele não se inclinaria a nada, o que se reserva somente à graça absolutamente eficaz, que é sempre vitoriosa, seja por si mesma, seja pela congruência das circunstâncias.

---

[42] *O altitudo divitiarum sapientiae et scientiae Dei*: "Ó profundidade das riquezas, tanto da sabedoria como da ciência de Deus! Quão insondáveis são os seus juízos, e quão inescrutáveis os seus caminhos!" (São Paulo aos Romanos, 11, 33) (N. do E.)

[43] Supralapsarianismo: doutrina difundida pelo teólogo protestante francês Theodore Beza (1519-1605), para quem a salvação, e portanto a própria queda de Adão, estavam predeterminadas antes do primeiro pecado. (N. do E.)

XXXI.
Dos motivos da eleição, da fé prevista, da ciência média, do decreto absoluto; e de que tudo se resume à razão pela qual Deus escolheu para a existência uma pessoa, entre outras possíveis, cuja noção encerra uma sucessão de graças e ações livres – o que põe fim a todas as dificuldades de uma vez

As graças de Deus, enfim, são graças totalmente puras, das quais as criaturas nada podem reclamar. Mas, assim como não basta recorrer à previsão absoluta ou condicional das ações futuras dos homens para explicar as escolhas divinas na dispensação dessas graças, também não é preciso inferir decretos absolutos totalmente desprovidos de motivos razoáveis. É verdade que, no tocante à fé ou às boas obras previstas, Deus só escolheu aqueles em que previu fé e caridade, *quos se fide donaturum praescivit*[44], mas a questão reaparece: por que haveria Deus de conceder a graça da fé e das boas obras mais a uns que a outros? E quanto à ciência[45] de Deus, que é a previsão, não da fé e das boas ações, mas da matéria e da predisposição para elas — ou da contribuição que o homem, de sua parte, lhes dará (pois é certo que há diversidade da parte dos homens onde há diversidade da parte da graça, e, com efeito, é necessário que o homem, embora necessite ser exortado ao bem e convertido, ainda continue a

---

[44] Em latim: "para os quais foi previsto o dom da fé". (N. do E.)

[45] Isto é, a "ciência média", mencionada no título, termo com que alguns teólogos, especialmente Luís de Molina (1535-1600), designavam o conhecimento divino das predisposições naturais para as boas ações. (N. do E.)

agir) —, a muitos parece que poderíamos dizer que Deus, podendo ver o que o homem faria sem a graça ou sua assistência extraordinária, ou ao menos o que faria por si mesmo, abstraída a graça, poderia resolver-se a conceder a graça àqueles cujas disposições naturais fossem as melhores ou, ao menos, menos imperfeitas ou menos más. Mas, se assim fosse, poderíamos dizer que essas disposições naturais, precisamente por serem boas, também são efeito de uma graça, ainda que ordinária, com que Deus privilegia uns sobre outros; e uma vez que Deus certamente sabe que os privilégios naturais que concede servirão de motivo para a graça ou assistência extraordinária, não será verdadeiro talvez que, segundo essa doutrina, tudo se reduza inteiramente a sua misericórdia?

Creio, portanto (já que não sabemos nem quanto nem como Deus considera as disposições naturais na dispensação da graça), que mais exato e seguro é dizer, segundo nossos princípios e conforme já observei, que, entre os seres possíveis, devem necessariamente existir a pessoa de Pedro ou João, cuja noção ou ideia implica toda essa sucessão de graças ordinárias e extraordinárias e todo o resto dos acontecimentos com suas circunstâncias, e que terá sido do agrado de Deus escolhê-la, entre uma infinidade de outras pessoas igualmente possíveis, para existir atualmente. Com isso, parece que nada mais há que perguntar e que todas as dificuldades se desvanecem.

Quanto, pois, àquela única e grande questão — "por que teria Deus escolhido uma tal pessoa entre tantas outras possíveis?" —, é preciso ser muito pouco razoável para não se contentar com as razões gerais que aqui apresentamos, e cujo pormenor nos escapa. Assim, em vez de recorrer a um decreto absoluto que, ou não tem razão — e, portanto, é irracional — ou tem razões que não conseguem resolver a dificuldade — e, portanto, necessitam de outras razões —, o melhor é dizer, com São Paulo[46], que existem certas razões de sabedoria ou de congruência, fundadas na ordem geral, cujo fim é a maior perfeição

[46] V. São Paulo aos Romanos, 11, 33. (N. do E.)

do universo, e que, embora sejam desconhecidas dos mortais, foram observadas por Deus. Nisso se encontram os motivos da glória de Deus e da manifestação de sua justiça, como também de sua misericórdia e de suas perfeições em geral, e, enfim, daquela imensa profundidade de riquezas que extasiou a alma do mesmo São Paulo.

XXXII.
Utilidades destes princípios em matéria de piedade e de religião

Quanto ao mais, parece que os pensamentos que expusemos até aqui, e particularmente o grande princípio da perfeição das operações de Deus e o da noção da substância que encerra todos os seus acontecimentos com todas as suas circunstâncias, muito longe de negar, servem para confirmar a religião, para dissipar as enormes dificuldades, para inflamar as almas de um amor divino e para elevar os espíritos ao conhecimento das substâncias corpóreas, muito acima das hipóteses vistas até hoje. Pois vemos muito claramente que todas as substâncias dependem de Deus do mesmo modo como os pensamentos emanam de nossa substância; que Deus é tudo em todos e está intimamente unido a todas as criaturas, na exata proporção da perfeição delas; e que somente ele as determina de fora, por sua influência. E, assim, se agir é determinar imediatamente, podemos dizer nesse sentido, em linguagem metafísica, que só Deus opera sobre mim, e só ele me pode fazer bem ou mal, não contribuindo as outras substâncias senão na medida dessas determinações, pois Deus, que as vê a todas, distribui-lhes suas bondades e obriga-as a acomodarem-se entre si. Só Deus, portanto, faz a ligação e a comunicação entre as substâncias, e só por ele é que os fenômenos de uns se encontram e conciliam com os dos outros, e, consequentemente, existe realidade em nossas percepções. Na prática, porém, atribuímos a ação a razões particulares, no sentido que expliquei acima, porque nem sempre é necessário mencionar a causa universal nos casos particulares.

Notamos também que toda substância tem uma perfeita espontaneidade (que se torna liberdade nas substâncias inteligentes); que tudo o que lhe acontece é consequência de sua ideia e de seu ser; e que ninguém a determina, com a exceção de Deus. E é por isso que uma pessoa de espírito muito elevado, e cuja santidade é muito reverenciada, costumava dizer "que a alma deve sempre pensar como se só houvesse no mundo Deus e ela própria"[47].

Ora, nada permite compreender melhor a imortalidade da alma que essa independência e essa extensão que a preservam absolutamente de todas as coisas externas, uma vez que ela sozinha constitui seu mundo e, com Deus, se basta; e é tão impossível que pereça sem aniquilação[48] como é impossível que o mundo (do qual é expressão viva e perpétua) se destrua a si mesmo; nem tampouco é possível que as mudanças dessa massa extensa a que chamamos nosso corpo alterem coisa alguma na alma e nem que a dissolução desse corpo destrua o que é indivisível.

---

[47] Leibniz cita Santa Teresa D'Ávila (1515-1582). (N. do E.)

[48] Só Deus poderia aniquilar a substância e, como ele não faz isso, a alma é perene. V. § IX. (N. do E.)

XXXIII.
Explicação da união da alma e do corpo, que era tida por inexplicável e milagrosa, e da origem das percepções confusas

Temos, assim, o esclarecimento inopinado desse grande mistério da união da alma e do corpo, quer dizer, como é possível que as paixões e as ações de um sejam acompanhadas das ações e paixões, ou melhor, dos fenômenos próprios do outro. Pois não há meio de conceber que um tenha influência sobre o outro, e simplesmente não é razoável recorrer à operação extraordinária da causa universal em coisa ordinária e particular. Mas eis a verdadeira razão: dissemos que tudo o que acontece à alma e a cada substância é uma consequência de sua noção; então, a própria ideia ou essência da alma implica que todas as suas aparências ou percepções lhe devem brotar (*sponte*[49]) de sua própria natureza, e de tal modo que respondam por si mesmas ao que acontece em todo o universo, mas, mais particular e perfeitamente, ao que acontece no corpo que lhe incumbe, pois é, de algum modo e por algum tempo, por meio da relação dos outros corpos com o seu que a alma exprime o estado do universo. Com isso também entendemos de que modo nosso corpo nos pertence sem, no entanto, estar atado a nossa essência. E creio que as

[49] "Espontaneamente", em latim. (N. do E.)

pessoas que sabem meditar, por serem mais aptas para ver em que consiste a ligação entre a alma e o corpo, que de outro modo pareceria totalmente inexplicável, hão de, por isso mesmo, acolher favoravelmente estes nossos princípios.

Vemos também que as percepções de nossos sentidos, mesmo quando claras, devem necessariamente conter algum sentimento confuso. Pois, como há simpatia entre todos os corpos do universo, o nosso recebe a impressão de todos os outros, e, embora nossos sentidos se correspondam com tudo, não é possível a nossa alma apreender tudo em particular; eis por que nossos sentimentos confusos são o resultado de uma variedade de percepções absolutamente infinitas. É mais ou menos como o murmúrio confuso que ouvimos quando nos aproximamos da beira do mar, proveniente da repercussão conjunta de inumeráveis ondas. Ora, se de muitas percepções (que nunca se combinam numa só), nenhuma tem excelência sobre as outras, e se todas mais ou menos produzem impressões igualmente fortes ou igualmente capazes de determinar a atenção da alma, a alma não as pode perceber, senão confusamente.

XXXIV.
Da diferença entre os espíritos e as outras substâncias, almas ou formas substanciais; e que a imortalidade a que aspiramos demanda memória

Supondo que os corpos, como o homem, formam um *unum per se*[50], que são substâncias e formas substanciais e que os animais têm almas, somos obrigados a admitir que essas almas e essas formas substanciais não podem perecer inteiramente — precisamente como os átomos ou as últimas partes da matéria, na opinião de outros filósofos —, pois nenhuma substância perece, embora se possa transformar totalmente. Tais almas e formas substanciais, portanto, também exprimem todo o universo, embora de maneira mais imperfeita que os espíritos. Mas a principal diferença é que elas não sabem o que são nem o que fazem e, por conseguinte, não podendo fazer reflexões, não poderiam descobrir verdades necessárias e universais. E assim, precisamente por essa incapacidade de refletir sobre si mesmas, elas não têm qualidade moral, de modo que, depois de passar por mil transformações — mais ou menos como vemos uma lagarta transformar-se em borboleta —, no tocante à moral ou à prática, poderíamos dizer que perecem, até mesmo fisicamente, do mesmo modo que dizemos que os corpos perecem por sua corrupção. Já a alma inteligente, por saber o que é, e podendo dizer este *eu*, que diz

---

[50] Em latim: "um todo por si". (N. do E.)

muito, não só permanece, e metafisicamente subsiste, muito mais que as outras, como também permanece moralmente a mesma e desempenha o mesmo personagem. Porque é a recordação ou o conhecimento desse eu que torna a alma suscetível de castigo ou recompensa. Assim, a imortalidade a que aspiramos na moral e na religião não consiste na subsistência perpétua que é própria de todas as substâncias, pois, sem a memória do que fomos, não haveria nela nada a que aspirar. Suponhamos que um sujeito comum deva tornar-se de repente o rei da China, mas com a condição de esquecer quem foi, como se tivesse nascido de novo; não seria isso, na prática, o mesmo que ser aniquilado e, ao mesmo tempo, surgir um rei da China em seu lugar? Não há razão alguma para o sujeito desejar isso.

XXXV.
Excelência dos espíritos, e que Deus lhes dá preferência sobre as demais criaturas. Que os espíritos exprimem mais a Deus do que ao mundo, e as outras substâncias, mais ao mundo do que a Deus

Mas, para que possamos entender por razões naturais que Deus conservará não só nossa substância, mas também nossa pessoa, quer dizer, a memória e o conhecimento do que somos (embora o conhecimento distinto fique às vezes suspenso durante o sono ou quando desmaiamos), é preciso unir a moral à metafísica, ou seja, é preciso considerar Deus não só como o princípio e a causa de todas as substâncias e de todos os seres, mas também como o regente de todas as pessoas ou substâncias inteligentes, e como o monarca absoluto da mais perfeita cidade ou república, que é a do universo, composta da união de todos os espíritos, sendo o próprio Deus o mais completo de todos os espíritos e, portanto, o maior de todos os seres. Pois, seguramente, os espíritos são os seres mais perfeitos e os que melhor exprimem a divindade. Afinal, se a natureza, o fim, a virtude e a função das substâncias consistem tão somente na expressão de Deus e do universo, como já foi suficientemente explicado, não há dúvida de que as substâncias que exprimem conscientemente o que fazem, e que são capazes de conhecer grandes verdades acerca de Deus e do universo, hão de exprimi-los incomparavelmente melhor que as naturezas brutas ou incapazes de conhecer verdades, ou de todo destituídas de sentimento e consciência.

E a diferença entre as substâncias inteligentes e as que o não são é tão grande quanto a que existe entre o espelho e aquele que o mira.

E como o próprio Deus é o maior e o mais sábio dos espíritos, é fácil supor que os seres com os quais ele pode, por assim dizer, entrar em conversação e mesmo em sociedade, comunicando-lhes seus sentimentos e vontades de maneira particular, e de tal modo que eles possam conhecer e amar seu benfeitor, possam interessar-lhe infinitamente mais que o resto das coisas, que só podem ser vistas como instrumentos dos espíritos. É como o que notamos nas pessoas sábias, que dispensam muito mais atenção a um homem que a qualquer outra coisa, por mais preciosa que seja. E parece que a maior satisfação que uma alma, quanto ao mais satisfeita, pode ter é ver-se amada por outras; embora, em se tratando de Deus, exista uma diferença: a glória dele e o nosso culto nada poderiam acrescentar à satisfação de Deus, pois o conhecimento das criaturas não é mais que uma consequência de sua soberana e perfeita felicidade, bem longe, portanto, de contribuir para ela ou de em parte causá-la. Contudo, o que é bom e razoável nos espíritos se encontra eminentemente nele, e, assim como louvaríamos um rei que preferisse poupar a vida de um homem à do mais precioso e raro de seus animais, assim também não deveríamos duvidar de que o mais justo e esclarecido dos monarcas fosse dotado do mesmo sentimento.

XXXVI.
Deus é o monarca da mais perfeita república composta e de todos os espíritos, e a felicidade desta cidade de Deus é seu principal desígnio

Os espíritos, com efeito, são substâncias mais suscetíveis de perfeição, e está entre suas perfeições o se obstruírem ao mínimo, ou melhor, o se auxiliarem ao máximo, pois só os mais virtuosos podem ser os mais perfeitos amigos. De onde manifestamente se segue que Deus, que sempre procura a maior perfeição, será o espírito que sempre zelará mais pelos outros espíritos, e aquele que lhes dará, não só a todos de um modo geral, mas a cada um em particular, o máximo de perfeição que a harmonia universal permitir.

Podemos dizer até que, por ser um espírito, é que Deus deu origem às existências. Pois se, ao contrário, lhe tivesse faltado a vontade de escolher o melhor, não haveria razão alguma para que um possível existisse de preferência aos outros. Assim, a qualidade de que o próprio Deus é um espírito precede todas as considerações que sobre ele podemos fazer no tocante às criaturas. Só os espíritos são feitos à sua imagem, e quase de sua raça ou de seu sangue, pois só eles o podem servir com liberdade e agir conscientemente, imitando a natureza divina: um só espírito vale o mundo todo, não só porque o exprime, mas também porque o conhece, e nele se governa à maneira de Deus. De modo que parece que, embora toda substância exprima o universo inteiro, as outras substâncias exprimem mais o mundo do que Deus, enquanto os espíritos exprimem mais Deus do que o mundo. E essa natureza tão nobre dos espíritos, que os torna, entre as simples criaturas, as mais próximas da divindade, faz que Deus extraia deles infinitamente mais glória que dos outros seres, ou melhor, que os outros seres não deem mais que a matéria de que o espírito se glorifica.

Eis por que essa qualidade moral de Deus, que faz dele senhor ou monarca dos espíritos, lhe diz respeito, por assim dizer pessoalmente, de um modo todo particular. É aí que ele se humaniza, suscita antropologias e entra em sociedade conosco, como um príncipe com seus súditos. E essa consideração lhe é tão cara que o feliz e florescente estado de seu império, que consiste na maior felicidade possível de seus habitantes, se torna sua lei suprema. Pois a felicidade é para as pessoas o que a perfeição é para os seres. E, se o primeiro princípio da existência do mundo físico é o decreto que lhe concede a máxima perfeição possível, o primeiro desígnio do mundo moral, ou da cidade de Deus, que é a parte mais nobre do universo, deve ser esparzir a máxima felicidade possível.

Não devemos, portanto, duvidar de que Deus ordenou tudo de modo que os espíritos possam, não só viver para sempre — o que é infalível —, mas também conservar sua qualidade moral, para que sua cidade não perca pessoa alguma, assim como o mundo físico não perde substância. E, por conseguinte, eles saberão para sempre quem são. Pois, de outro modo, não seriam suscetíveis de recompensa ou castigo, o que, no entanto, é da essência de uma república, ainda mais da mais perfeita, em que nada poderia ser negligenciado.

Enfim, sendo Deus ao mesmo tempo o mais justo e o mais bondoso dos monarcas, e nada mais pedindo além de boa vontade, contanto que ela seja sincera e séria, seus súditos não poderiam desejar melhor condição: para fazê-los totalmente felizes, Deus só solicita que o amem.

XXXVII.
Jesus revelou aos homens o mistério e as leis admiráveis do reino dos céus e a grandeza da suprema felicidade que Deus prepara para os que o amam

Os antigos filósofos conheceram muito pouco essas importantes verdades; só Jesus Cristo as exprimiu divinamente bem, e de maneira tão clara e familiar, que até os espíritos mais brutos as apreenderam. Também seu Evangelho mudou inteiramente a face das coisas humanas; fez-nos conhecer o reino dos céus ou essa perfeita república dos espíritos que merece o título de cidade de Deus, cujas leis admiráveis nos revelou. Ele só nos fez ver o quanto Deus nos ama, e com que exatidão proveu tudo o que nos toca[51]: que, zelando pelos pássaros, jamais negligenciará as criaturas racionais, que lhe são infinitamente mais caras; que os cabelos de nossa cabeça estão todos contados; que perecerão o céu e a terra antes que seja mudada a palavra de Deus e o que pertence à economia de nossa salvação; que Deus tem mais diligência perante a menor das almas inteligentes que diante de toda a máquina do mundo; que não devemos temer os que podem destruir os corpos, mas não podem molestar as almas, pois somente Deus as pode fazer felizes ou infelizes, e as almas dos justos

---

[51] A partir deste ponto, Leibniz faz referência a várias passagens do Novo Testamento. V. Mateus (5, 18; 6, 26; 13, 43), Lucas (12, 4-5; 6; 7), Romanos (18, 28), 1 Coríntios (2, 9). (N. do E.)

nas mãos de Deus estão ao resguardo de todas as revoluções do universo, pois só Deus pode agir sobre elas; que nenhuma de nossas ações é esquecida; que tudo é levado em conta, até as palavras ociosas ou uma colherada de água bem empregada; enfim, que tudo deve resultar no bem maior dos bons; que os justos serão como os sóis, e que nem nossos sentidos nem nosso espírito jamais experimentaram nada parecido com a felicidade que Deus prepara para aqueles que o amam.

Sumário

O Objetivo, a filosofia e a missão da Editora Martin Claret

O principal objetivo da Martin Claret é contribuir para a difusão da educação e da cultura, por meio da democratização do livro, usando canais de comercialização habituais, além de criar novos.

A filosofia de trabalho da Martin Claret consiste em produzir livros de qualidade a um preço acessível, para que possam ser apreciados pelo maior número possível de leitores.

A missão da Martin Claret é conscientizar e motivar as pessoas a desenvolver e utilizar o seu pleno potencial espiritual, mental, emocional e social.

O livro muda as pessoas. Revolucione-se: leia mais para ser mais!

MARTIN CLARET

Relação dos Volumes Publicados

1. Dom Casmurro
Machado de Assis
2. O Príncipe
Maquiavel
3. Mensagem
Fernando Pessoa
4. O Lobo do Mar
Jack London
5. A Arte da Prudência
Baltasar Gracián
6. Iracema / Cinco Minutos
José de Alencar
7. Inocência
Visconde de Taunay
8. A Mulher de 30 Anos
Honoré de Balzac
9. A Moreninha
Joaquim Manuel de Macedo
10. A Escrava Isaura
Bernardo Guimarães
11. As Viagens - "Il Milione"
Marco Polo
12. O Retrato de Dorian Gray
Oscar Wilde
13. A Volta ao Mundo em 80 Dias
Júlio Verne
14. A Carne
Júlio Ribeiro
15. Amor de Perdição
Camilo Castelo Branco
16. Sonetos
Luís de Camões
17. O Guarani
José de Alencar
18. Memórias Póstumas de Brás Cubas
Machado de Assis
19. Lira dos Vinte Anos
Álvares de Azevedo
20. Apologia de Sócrates / Banquete
Platão
21. A Metamorfose/Um Artista da Fome/Carta a Meu Pai
Franz Kafka
22. Assim Falou Zaratustra
Friedrich Nietzsche
23. Triste Fim de Policarpo Quaresma
Lima Barreto
24. A Ilustre Casa de Ramires
Eça de Queirós
25. Memórias de um Sargento de Milícias
Manuel Antônio de Almeida
26. Robinson Crusoé
Daniel Defoe
27. Espumas Flutuantes
Castro Alves
28. O Ateneu
Raul Pompéia
29. O Noviço / O Juiz de Paz da Roça / Quem Casa Quer Casa
Martins Pena
30. A Relíquia
Eça de Queirós
31. O Jogador
Dostoiévski
32. Histórias Extraordinárias
Edgar Allan Poe
33. Os Lusíadas
Luís de Camões
34. As Aventuras de Tom Sawyer
Mark Twain
35. Bola de Sebo e Outros Contos
Guy de Maupassant
36. A República
Platão
37. Elogio da Loucura
Erasmo de Rotterdam
38. Caninos Brancos
Jack London
39. Hamlet
William Shakespeare
40. A Utopia
Thomas More
41. O Processo
Franz Kafka
42. O Médico e o Monstro
Robert Louis Stevenson
43. Ecce Homo
Friedrich Nietzsche
44. O Manifesto do Partido Comunista
Marx e Engels
45. Discurso do Método / Meditações
René Descartes
46. Do Contrato Social
Jean-Jacques Rousseau
47. A Luta pelo Direito
Rudolf von Ihering
48. Dos Delitos e das Penas
Cesare Beccaria
49. A Ética Protestante e o Espírito do Capitalismo
Max Weber
50. O Anticristo
Friedrich Nietzsche
51. Os Sofrimentos do Jovem Werther
Goethe
52. As Flores do Mal
Charles Baudelaire
53. Ética a Nicômaco
Aristóteles
54. A Arte da Guerra
Sun Tzu
55. Imitação de Cristo
Tomás de Kempis
56. Cândido ou o Otimismo
Voltaire
57. Rei Lear
William Shakespeare
58. Frankenstein
Mary Shelley
59. Quincas Borba
Machado de Assis
60. Fedro
Platão
61. Política
Aristóteles
62. A Viuvinha / Encarnação
José de Alencar
63. As Regras do Método Sociológico
Émile Durkheim
64. O Cão dos Baskervilles
Sir Arthur Conan Doyle
65. Contos Escolhidos
Machado de Assis
66. Da Morte / Metafísica doAmor / Do Sofrimento do Mundo
Arthur Schopenhauer
67. As Minas do Rei Salomão
Henry Rider Haggard
68. Manuscritos Econômico-Filosóficos
Karl Marx
69. Um Estudo em Vermelho
Sir Arthur Conan Doyle
70. Meditações
Marco Aurélio
71. A Vida das Abelhas
Maurice Materlinck
72. O Cortiço
Aluísio Azevedo
73. Senhora
José de Alencar
74. Brás, Bexiga e Barra Funda / Laranja da China
Antônio de Alcântara Machado
75. Eugênia Grandet
Honoré de Balzac
76. Contos Gauchescos
João Simões Lopes Neto
77. Esaú e Jacó
Machado de Assis
78. O Desespero Humano
Sören Kierkegaard
79. Dos Deveres
Cícero
80. Ciência e Política
Max Weber
81. Satíricon
Petrônio
82. Eu e Outras Poesias
Augusto dos Anjos
83. Farsa de Inês Pereira / Auto da Barca do Inferno / Auto da Alma
Gil Vicente
84. A Desobediência Civil e Outros Escritos
Henry David Toreau
85. Para Além do Bem e do Mal
Friedrich Nietzsche
86. A Ilha do Tesouro
R. Louis Stevenson
87. Marília de Dirceu
Tomás A. Gonzaga
88. As Aventuras de Pinóquio
Carlo Collodi
89. Segundo Tratado Sobre o Governo
John Locke
90. Amor de Salvação
Camilo Castelo Branco
91. Broquéis/Faróis/ Últimos Sonetos
Cruz e Souza
92. I-Juca-Pirama / Os Timbiras / Outros Poemas
Gonçalves Dias
93. Romeu e Julieta
William Shakespeare
94. A Capital Federal
Arthur Azevedo
95. Diário de um Sedutor
Sören Kierkegaard
96. Carta de Pero Vaz de Caminha a El-Rei Sobre o Achamento do Brasil
97. Casa de Pensão
Aluísio Azevedo
98. Macbeth
William Shakespeare

99. **Édipo Rei/Antígona**
Sófocles

100. **Lucíola**
José de Alencar

101. **As Aventuras de Sherlock Holmes**
Sir Arthur Conan Doyle

102. **Bom-Crioulo**
Adolfo Caminha

103. **Helena**
Machado de Assis

104. **Poemas Satíricos**
Gregório de Matos

105. **Escritos Políticos / A Arte da Guerra**
Maquiavel

106. **Ubirajara**
José de Alencar

107. **Diva**
José de Alencar

108. **Eurico, o Presbítero**
Alexandre Herculano

109. **Os Melhores Contos**
Lima Barreto

110. **A Luneta Mágica**
Joaquim Manuel de Macedo

111. **Fundamentação da Metafísica dos Costumes e Outros Escritos**
Immanuel Kant

112. **O Príncipe e o Mendigo**
Mark Twain

113. **O Domínio de Si Mesmo pela Auto-Sugestão Consciente**
Émile Coué

114. **O Mulato**
Aluísio Azevedo

115. **Sonetos**
Florbela Espanca

116. **Uma Estadia no Inferno / Poemas / Carta do Vidente**
Arthur Rimbaud

117. **Várias Histórias**
Machado de Assis

118. **Fédon**
Platão

119. **Poesias**
Olavo Bilac

120. **A Conduta para a Vida**
Ralph Waldo Emerson

121. **O Livro Vermelho**
Mao Tsé-Tung

122. **Oração aos Moços**
Rui Barbosa

123. **Otelo, o Mouro de Veneza**
William Shakespeare

124. **Ensaios**
Ralph Waldo Emerson

125. **De Profundis / Balada do Cárcere de Reading**
Oscar Wilde

126. **Crítica da Razão Prática**
Immanuel Kant

127. **A Arte de Amar**
Ovídio Naso

128. **O Tartufo ou O Impostor**
Molière

129. **Metamorfoses**
Ovídio Naso

130. **A Gaia Ciência**
Friedrich Nietzsche

131. **O Doente Imaginário**
Molière

132. **Uma Lágrima de Mulher**
Aluísio Azevedo

133. **O Último Adeus de Sherlock Holmes**
Sir Arthur Conan Doyle

134. **Canudos - Diário de uma Expedição**
Euclides da Cunha

135. **A Doutrina de Buda**
Siddharta Gautama

136. **Tao Te Ching**
Lao-Tsé

137. **Da Monarquia / Vida Nova**
Dante Alighieri

138. **A Brasileira de Prazins**
Camilo Castelo Branco

139. **O Velho da Horta/Quem Tem Farelos?/Auto da Índia**
Gil Vicente

140. **O Seminarista**
Bernardo Guimarães

141. **O Alienista / Casa Velha**
Machado de Assis

142. **Sonetos**
Manuel du Bocage

143. **O Mandarim**
Eça de Queirós

144. **Noite na Taverna / Macário**
Álvares de Azevedo

145. **Viagens na Minha Terra**
Almeida Garrett

146. **Sermões Escolhidos**
Padre Antonio Vieira

147. **Os Escravos**
Castro Alves

148. **O Demônio Familiar**
José de Alencar

149. **A Mandrágora / Belfagor, o Arquidiabo**
Maquiavel

150. **O Homem**
Aluísio Azevedo

151. **Arte Poética**
Aristóteles

152. **A Megera Domada**
William Shakespeare

153. **Alceste/Electra/Hipólito**
Eurípedes

154. **O Sermão da Montanha**
Huberto Rohden

155. **O Cabeleira**
Franklin Távora

156. **Rubáiyát**
Omar Khayyám

157. **Luzia-Homem**
Domingos Olímpio

158. **A Cidade e as Serras**
Eça de Queirós

159. **A Retirada da Laguna**
Visconde de Taunay

160. **A Viagem ao Centro da Terra**
Júlio Verne

161. **Caramuru**
Frei Santa Rita Durão

162. **Clara dos Anjos**
Lima Barreto

163. **Memorial de Aires**
Machado de Assis

164. **Bhagavad Gita**
Krishna

165. **O Profeta**
Khalil Gibran

166. **Aforismos**
Hipócrates

167. **Kama Sutra**
Vatsyayana

168. **O Livro da Jângal**
Rudyard Kipling

169. **De Alma para Alma**
Huberto Rohden

170. **Orações**
Cícero

171. **Sabedoria das Parábolas**
Huberto Rohden

172. **Salomé**
Oscar Wilde

173. **Do Cidadão**
Thomas Hobbes

174. **Porque Sofremos**
Huberto Rohden

175. **Einstein: o Enigma do Universo**
Huberto Rohden

176. **A Mensagem Viva do Cristo**
Huberto Rohden

177. **Mahatma Gandhi**
Huberto Rohden

178. **A Cidade do Sol**
Tommaso Campanella

179. **Setas para o Infinito**
Huberto Rohden

180. **A Voz do Silêncio**
Helena Blavatsky

181. **Frei Luís de Sousa**
Almeida Garrett

182. **Fábulas**
Esopo

183. **Cântico de Natal/ Os Carrilhões**
Charles Dickens

184. **Contos**
Eça de Queirós

185. **O Pai Goriot**
Honoré de Balzac

186. **Noites Brancas e Outras Histórias**
Dostoiévski

187. **Minha Formação**
Joaquim Nabuco

188. **Pragmatismo**
William James

189. **Discursos Forenses**
Enrico Ferri

190. **Medéia**
Eurípedes

191. **Discursos de Acusação**
Enrico Ferri

192. **A Ideologia Alemã**
Marx & Engels

193. **Prometeu Acorrentado**
Ésquilo

194. **Iaiá Garcia**
Machado de Assis

195. **Discursos no Instituto dos Advogados Brasileiros / Discurso no Colégio Anchieta**
Rui Barbosa

196. **Édipo em Colono**
Sófocles

197. **A Arte de Curar pelo Espírito**
Joel S. Goldsmith

198. **Jesus, o Filho do Homem**
Khalil Gibran

199. **Discurso sobre a Origem e os Fundamentos da Desigualdade entre os Homens**
Jean-Jacques Rousseau

200. Fábulas
La Fontaine

201. O Sonho de uma Noite de Verão
William Shakespeare

202. Maquiavel, o Poder
José Nivaldo Junior

203. Ressurreição
Machado de Assis

204. O Caminho da Felicidade
Huberto Rohden

205. A Velhice do Padre Eterno
Guerra Junqueiro

206. O Sertanejo
José de Alencar

207. Gitanjali
Rabindranath Tagore

208. Senso Comum
Thomas Paine

209. Canaã
Graça Aranha

210. O Caminho Infinito
Joel S. Goldsmith

211. Pensamentos
Epicuro

212. A Letra Escarlate
Nathaniel Hawthorne

213. Autobiografia
Benjamin Franklin

214. Memórias de Sherlock Holmes
Sir Arthur Conan Doyle

215. O Dever do Advogado / Posse de Direitos Pessoais
Rui Barbosa

216. O Tronco do Ipê
José de Alencar

217. O Amante de Lady Chatterley
D. H. Lawrence

218. Contos Amazônicos
Inglês de Souza

219. A Tempestade
William Shakespeare

220. Ondas
Euclides da Cunha

221. Educação do Homem Integral
Huberto Rohden

222. Novos Rumos para a Educação
Huberto Rohden

223. Mulherzinhas
Louise May Alcott

224. A Mão e a Luva
Machado de Assis

225. A Morte de Ivan Ilicht / Senhores e Servos
Leon Tolstói

226. Álcoois e Outros Poemas
Apollinaire

227. Pais e Filhos
Ivan Turguêniev

228. Alice no País das Maravilhas
Lewis Carroll

229. À Margem da História
Euclides da Cunha

230. Viagem ao Brasil
Hans Staden

231. O Quinto Evangelho
Tomé

232. Lorde Jim
Joseph Conrad

233. Cartas Chilenas
Tomás Antônio Gonzaga

234. Odes Modernas
Anntero de Quental

235. Do Cativeiro Babilônico da Igreja
Martinho Lutero

236. O Coração das Trevas
Joseph Conrad

237. Thais
Anatole France

238. Andrômaca / Fedra
Racine

239. As Catilinárias
Cícero

240. Recordações da Casa dos Mortos
Dostoiévski

241. O Mercador de Veneza
William Shakespeare

242. A Filha do Capitão / A Dama de Espadas
Aleksandr Púchkin

243. Orgulho e Preconceito
Jane Austen

244. A Volta do Parafuso
Henry James

245. O Gaúcho
José de Alencar

246. Tristão e Isolda
Lenda Medieval Celta de Amor

247. Poemas Completos de Alberto Caeiro
Fernando Pessoa

248. Maiakósvski
Vida e Poesia

249. Sonetos
William Shakespeare

250. Poesia de Ricardo Reis
Fernando Pessoa

251. Papéis Avulsos
Machado de Assis

252. Contos Fluminenses
Machado de Assis

253. O Bobo
Alexandre Herculano

254. A Oração da Coroa
Demóstenes

255. O Castelo
Franz Kafka

256. O Trovejar do Silêncio
Joel S. Goldsmith

257. Alice na Casa dos Espelhos
Lewis Carrol

258. Miséria da Filosofia
Karl Marx

259. Júlio César
William Shakespeare

260. Antônio e Cleópatra
William Shakespeare

261. Filosofia da Arte
Huberto Rohden

262. A Alma Encantadora das Ruas
João do Rio

263. A Normalista
Adolfo Caminha

264. Pollyanna
Eleanor H. Porter

265. As Pupilas do Senhor Reitor
Júlio Diniz

266. As Primaveras
Casimiro de Abreu

267. Fundamentos do Direito
Léon Duguit

268. Discursos de Metafísica
G. W. Leibniz

269. Sociologia e Filosofiia
Émile Durkheim

270. Cancioneiro
Fernando Pessoa

271. A Dama das Camélias
Alexandre Dumas (filho)

272. O Divórcio / As Bases da Fé / e outros textos
Rui Barbosa

273. Pollyanna Moça
Eleanor H. Porter

274. O 18 Brumário de Luís Bonaparte
Karl Marx

275. Teatro de Machado de Assis
Antologia

276. Cartas Persas
Montesquieu

277. Em Comunhão com Deus
Huberto Rohden

278. Razão e Sensibilidade
Jane Austen

279. Crônicas Selecionadas
Machado de Assis

280. Histórias da Meia-Noite
Machado de Assis

281. Cyrano de Bergerac
Edmond Rostand

282. O Maravilhoso Mágico de Oz
L. Frank Baum

283. Trocando Olhares
Florbela Espanca

284. O Pensamento Filosófico da Antiguidade
Huberto Rohden

285. Filosofia Contemporânea
Huberto Rohden

286. O Espírito da Filosofia Oriental
Huberto Rohden

287. A Pele do Lobo / O Badejo / o Dote
Artur Azevedo

288. Os Bruzundangas
Lima Barreto

289. A Pata da Gazela
José de Alencar

290. O Vale do Terror
Sir Arthur Conan Doyle

291. O Signo dos Quatro
Sir Arthur Conan Doyle

292. As Máscaras do Destino
Florbela Espanca

293. A Confissão de Lúcio
Mário de Sá-Carneiro

294. Falenas
Machado de Assis

295. O Uraguai / A Declamação Trágica
Basílio da Gama

296. Crisálidas
Machado de Assis

297. Americanas
Machado de Assis

298. A Carteira de Meu Tio
Joaquim Manuel de Macedo

299. Catecismo da Filosofia
Huberto Rohden

301. Rumo à Consciência Cósmica
Huberto Rohden

302. **Cosmoterapia**
Huberto Rohden

303. **Bodas de Sangue**
Federico García Lorca

304. **Discurso da Servidão Voluntária**
Étienne de la Boétie

305. **Categorias**
Aristóteles

306. **Manon Lescaut**
Abade Prévost

307. **Teogonia / Trabalhos e Dias**
Hesíodo

308. **As Vítimas Algozes**
Joaquim Manuel de Macedo

309. **Persuasão**
Jane Austen

Série Ouro
(Livros com mais de 400 p.)

1. **Leviatã**
Thomas Hobbes

2. **A Cidade Antiga**
Fustel de Coulanges

3. **Crítica da Razão Pura**
Immanuel Kant

4. **Confissões**
Santo Agostinho

5. **Os Sertões**
Euclides da Cunha

6. **Dicionário Filosófico**
Voltaire

7. **A Divina Comédia**
Dante Alighieri

8. **Ética Demonstrada à Maneira dos Geômetras**
Baruch de Spinoza

9. **Do Espírito das Leis**
Montesquieu

10. **O Primo Basílio**
Eça de Queirós

11. **O Crime do Padre Amaro**
Eça de Queirós

12. **Crime e Castigo**
Dostoiévski

13. **Fausto**
Goethe

14. **O Suicídio**
Émile Durkheim

15. **Odisséia**
Homero

16. **Paraíso Perdido**
John Milton

17. **Drácula**
Bram Stocker

18. **Ilíada**
Homero

19. **As Aventuras de Huckleberry Finn**
Mark Twain

20. **Paulo – O 13º Apóstolo**
Ernest Renan

21. **Eneida**
Virgílio

22. **Pensamentos**
Blaise Pascal

23. **A Origem das Espécies**
Charles Darwin

24. **Vida de Jesus**
Ernest Renan

25. **Moby Dick**
Herman Melville

26. **Os Irmãos Karamazovi**
Dostoiévski

27. **O Morro dos Ventos Uivantes**
Emily Brontë

28. **Vinte Mil Léguas Submarinas**
Júlio Verne

29. **Madame Bovary**
Gustave Flaubert

30. **O Vermelho e o Negro**
Stendhal

31. **Os Trabalhadores do Mar**
Victor Hugo

32. **A Vida dos Doze Césares**
Suetônio

34. **O Idiota**
Dostoiévski

35. **Paulo de Tarso**
Huberto Rohden

36. **O Peregrino**
John Bunyan

37. **As Profecias**
Nostradamus

38. **Novo Testamento**
Huberto Rohden

39. **O Corcunda de Notre Dame**
Victor Hugo

40. **Arte de Furtar**
Anônimo do século XVII

41. **Germinal**
Émile Zola

42. **Folhas de Relva**
Walt Whitman

43. **Ben-Hur — Uma História dos Tempos de Cristo**
Lew Wallace

44. **Os Maias**
Eça de Queirós

45. **O Livro da Mitologia**
Thomas Bulfinch

46. **Os Três Mosqueteiros**
Alexandre Dumas

47. **Poesia de Álvaro de Campos**
Fernando Pessoa

48. **Jesus Nazareno**
Huberto Rohden

49. **Grandes Esperanças**
Charles Dickens

50. **A Educação Sentimental**
Gustave Flaubert

51. **O Conde de Monte Cristo (Volume I)**
Alexandre Dumas

52. **O Conde de Monte Cristo (Volume II)**
Alexandre Dumas

53. **Os Miseráveis (Volume I)**
Victor Hugo

54. **Os Miseráveis (Volume II)**
Victor Hugo

55. **Dom Quixote de La Mancha (Volume I)**
Miguel de Cervantes

56. **Dom Quixote de La Mancha (Volume II)**
Miguel de Cervantes

58. **Contos Escolhidos**
Artur Azevedo

59. **As Aventuras de Robin Hood**
Howard Pyle